怎样做小学教师

大夏书系·名家经典

陈鹤琴 著

华东师范大学出版社
上海著名商标 ECNUP
全国百佳图书出版单位

图书在版编目（CIP）数据

怎样做小学教师/陈鹤琴著. —上海：华东师范大学
出版社，2013.4
ISBN 978-7-5675-0612-1

Ⅰ. ①怎... Ⅱ. ①陈... Ⅲ. ①小学教师—师资培养
Ⅳ. ①G625.1

中国版本图书馆 CIP 数据核字（2013）第 079328 号

大夏书系·名家经典
怎样做小学教师

著　者	陈鹤琴
编选者	柯小卫
策划编辑	李永梅　程晓云
审读编辑	朱　颖
封面设计	奇文云海
责任印制	殷艳红

出版发行 华东师范大学出版社
社　址 上海市中山北路 3663 号　邮编　200062
网　址 www.ecnupress.com.cn
电　话 021-60821666　　行政传真　021-62572105
客服电话 021-62865537
邮购电话 021-62869887　　　地址　上海市中山北路 3663 号华东师范大学校内先锋路口
网　店 http://hdsdcbs.tmall.com/

印刷者 北京季蜂印刷有限公司
开　本 700×1000　16 开
插　页 1
印　张 13
字　数 169 千字
版　次 2013 年 7 月第一版
印　次 2023 年 3 月第七次
印　数 20 001 - 22 000
书　号 ISBN 978-7-5675-0612-1/G·6407
定　价 29.80 元

出版人 朱杰人

（如发现本版图书有印订质量问题，请寄回本社市场部调换或电话 021-62865537 联系）

目 录
Contents

编选说明

　　陈鹤琴先生（1892~1982）被誉为中国现代儿童教育的奠基人与开拓者，他怀有教育理想与追求——通过培养现代中国人，实现国家富强、社会进步的目标。在他看来，小学教育的价值不仅在于国民教育与造就人才的开端；同时担负传承、发扬优秀文化的使命和责任，"国家的发展、青年的前途，全在小学教育的改进"（引自《一个理想的小学校》，载《陈鹤琴全集》第四卷，第 036 页）。而小学教育改进与发展的关键所在，取决于小学教师的精神、素质的升华与提高。正如陈鹤琴先生所指出的："我们都知道，教师的工作是直接影响着成千成万的学生，而间接又由这些学生来影响更多的人。教师的影响既如是之大，所以凡是做教师的，谁都应该做一个成功的教师。"（引自《谁是成功的教师》，1949 年，载《教师进修》创刊号）

　　在现代社会中，学校的使命与教师的工作目标、方式，无论在内容或范围方面，都在发生变化；学校教育与社会、自然环境的衔接、融合，学科之间的相互渗透，社会对于人才的需求及评价标准等，推动学校课程教学、教法的改进、提高，其中的关键因素在于教师自身精神、素养与知识层面的进一步升华、扩展。尤其对于小学教师而言，需要具备"引领者"与"雕塑师"两种素质，前者是一种高尚的使命与责任，取决于教育者的思想、境界、情怀；后者兼具科学与艺术特性。"当科学与艺术这样携手以后，支配人类行动的最高动机已经达到了，人类行为的真正动力将被激发起来，人类本性中所可能达到的最好的事业便有保障了。"（杜威语）现代教育的目标是培养具有现代眼光与思想、掌握现代知识与技能、富有活力与创造精神的"素质型"人才，而"把一本教科书摊开来，遮住了儿童的两只眼睛，儿童所看见的世界，不过是一本6寸高、8寸阔的书本世界而已。一天到晚要儿童在这个渺小的书本世界里面去求知识，去求学问，去学做人，岂不是等于梦想吗?"（引自《活教育的教学原则》，载《陈鹤琴全集》第五卷，第070页）

本书在编选过程中，力求体现内容全面、道理深刻、文字简明、结合教学实际等陈鹤琴教育著作的一贯风格、特点。全书分为小学教师的修养、认识小学教育、小学教学原则、和小学教师谈德育、小学教师实用技巧、实施活教育的原则六个部分，一方面将陈鹤琴现代教育学说中关于小学教育的理论、学说予以完整呈现，为教师在审视与评价自己所从事的事业或工作时建立基础与依据；另一方面在内容上分门别类，为教师在实施各科教学活动过程中提供一份参考方案或一把打开问题之门的钥匙。

需要补充说明的是，陈鹤琴的教育研究涵盖了小学、幼稚园、家庭教育等方面，本书与《怎样做幼稚园教师》的读者对象虽有差异，但考虑到部分文章同时适合小学教师、幼稚园教师阅读，且是陈鹤琴教育思想之精华，因此在编选过程中，部分章节有重合。

本书由陈秀云女士审阅，柯小卫编选。

编　者
2013年4月阳春

第一章

小学教师的修养

《小学教师》 发刊词[①]

"教死书，死教书，教书死。读死书，死读书，读书死。"

这两句话，是陶行知先生在 10 年前描写中国教育腐化的情形。这种死气沉沉的教育，到今天恐怕还是如此，或许更糟一些。

我们应当怎样使得这种腐化的教育，变为前进的、自动的、活泼的、有生气的教育？我们怎样使教师：

教活书，活教书，教书活？

我们怎样使儿童：

读活书，活读书，读书活？

这个问题，实在很重要！这个使命，实在很重大！本刊发行的唯一宗旨，就是要想负起这个使命一部分的责任。我们不愿墨守旧规，去贻误子弟。我们要研究所用的教材，是否适合儿童的需要。我们要研究教法，是否能够引起儿童的兴趣，启发儿童的思想，培养儿童的创造能力。我们要研究种种教学上的设施，是否合于儿童的心理。我们更要检讨以往，策励将来，把所有的教材重新估量，把所用的教法重新研讨。我们要教活书，要使儿童读活书，要使儿童对于事物发生兴趣，自动学习。

以上种种，都是小学教育上亟待改进的问题。希望小学教师同仁，大家努力，共谋解决。尤望国内教育家，予以赞助，多多指导！

---

① 《小学教师》月刊是陈鹤琴与陈选善共同创办、主编，本文是陈鹤琴为《小学教师》写的发刊词，原载 1939 年该刊第一卷第一期。

再和小学教师谈谈①

一、排队问题

学生进出教室是否应当排队？这个问题我们应当讨论的。要解决这个问题，有两个原则可以给我们作参考：

（一）成人社会里是否有这种形式和必要？

（二）排队进出教室，于学校秩序究竟有多少好处？

倘使成人社会里没有这种排队的形式和必要，那么排队这种训练，在学校里就可以不要；倘使不排队而进出教室，学校秩序并不受什么妨害，那么亦可以不必排队。

现在我们看，中国社会上的秩序究竟怎样？一般学校里的秩序，又究竟怎样？我们一看火车站上的买票，戏院里的看戏以及各种公共会所的情形，就觉得排队的训练在学校里实在很需要。我们再看一般学校里学生进出教室的情形，又觉得排队的训练，实在是刻不容缓。

排队的动作实在是机械得很。依我们的理想，是要学生自动地依着次序鱼贯而行，不争先，不吵闹，静静地进去，轻轻地出来。但是在学生没有达到这一步之前，我觉得排队的训练是万不可少的。但是等到学生一能够自动的依照次序进出教室，这种机械式的排队，就可以立刻取消。

现在我们要问在什么地方排队最好？在走廊里呢还是在房子外面？我觉得在房子里面，不论是走廊里或者是教室里，学生都不应

---

① 本文原载《儿童教育》1930 年第三卷第三期。

当在那边大声叫喊的。如果在走廊里排队，就免不了喧哗嘈杂的声音，所以排队最好是在房子外面。

再讲到排队训练的次序，我以为开始的时候，应当由教师亲自指挥；过了相当时候，可以由学生推选队长主持。

进教室要排了队进去，出教室只要依照个人坐位的先后，依次退出亦就够了。

二、礼貌问题

礼貌是人与人交际的一种不可缺少的形式。学校里是教学生怎样做人的。礼貌的训练当然必不可少。学校里面的礼貌，应当分两层来讲。

（一）平常时候的礼貌

1. 学生与教师，每天早上第一次相遇，相互行一鞠躬礼，学生说："某先生早!"教师说："小朋友早!"

2. 学生与教师每天下午第一次相遇，行礼与早上同，学生说："某先生好!"教师说："小朋友好!"

3. 同学每天早上与下午第一次相遇，除不称某先生外，行礼及招呼"早"、"好"与遇见教师同。

（二）教室里的礼貌

教师进教室，学生应当怎样去表示他们的敬意？这个问题，也值得讨论的。有一天，有一个新来的课任教师对我说："我有些怕进教室。"我问他："为什么?"他说："有一天，我到一个教室里去上课，这班里有一个学生站起来，口里唱'一!'全体学生立起来；唱'二!'大家向我一鞠躬；唱'三!'他们大家才坐下去。过了一会，打铃下课，那个唱数的学生，照旧唱起来。不过唱了'三'的时候，他们大家就退出去了。后来我又到另一个教室里去上课，我以为这班学生亦然如此；但是我走进教室，他们坐了动也不动，我还在那边等他们唱"一二三"；但是停了好久，他们还是不动，我就开始教课了。再过一会，我又到一个教室里去上课；我一进教室，学生一齐起立，向我一鞠躬，我就还了一个礼。这三班学生，有三个级任教师。这三个级任教师，各有各的训练方法。我现在不知究竟取哪一种好，所以我进教室的时候，总要想一想这班学生的上课礼貌究竟是怎样的？你想麻烦不麻烦？"

我想这种情形，不但这个学校里是如此，恐怕有许多学校都犯着同样的毛病。现在我们来讨论上课下课，学生对教师应当用哪种礼貌最相宜。下面有两个标准：

1. 所行的礼貌，是否是在社会上通行的？

2. 行这种礼貌，时间是否经济？

根据这两条原则，唱"一二三"当然是不通行，而且于时间亦不经济。至于教师进教室的时候，学生毫无表示，那就是没有礼貌。社会上普通的礼是一鞠躬，我们当然采取这种礼来得适用，来得方便。

什么时候行这种礼呢？教师一进教室，学生立刻起立；教师走到学生面前，与学生相互致一鞠躬礼，学生便可就座。退课之前亦如此。

（三）校长及参观人进教室时之礼貌

校长进入教室之前，须先叩门；进教室先招呼教师。教师再招呼学生，全体起立致敬。如在上午说："某先生早！"如在下午说："某先生好！"校长说："小朋友请坐！"才大家坐下。

校长陪参观人进教室，学生对参观人在校长或教师未介绍之前，不必有所表示。若校长或教师对于参观人有所介绍，学生须起立，向参观人行一鞠躬礼。

三、教室里常规问题

（一）退课

退课的时候，虽是以摇铃来报告，可是学生的退课，还要由教师申明。教室里的工作，在摇铃的时候赶快预备结束，并不见得恰巧完毕，倘使学生一听到摇铃，就自动的下课，不问工作完不完，教师讲了讲不了，那就会妨碍功课。所以退课非有教师的申明不可。教师不说："退课"，就是摇过了铃，也不能退课。教师说过"退课"，学生才起立致敬大家退课。

但是退课这件事，还包含下面的几个动作：

1. 学生行过鞠躬礼后，立刻把自己的椅子放拢。

2. 各人看地上有无纸屑，如果有的，拾起来放在字纸篓里。教室的清洁，不但对于学生做人的习惯大有关系，对于教学上，亦大有关系。不清洁的教室，直接引起学生和教师一种不愉快的感觉；间接减少教学效能。所以地上的纸屑，务须清除。有时候前一课的教师，不注意这一点，后一课的教师和学生，就受他的影响了。

3. 书籍用具大家理好。这时候要注意，免去桌板的声音。平常学校里一到退课时候，桌板声、叫喊声，杂乱并作，毫无秩序；这是很不好的。

4. 依次退出教室。

（二）发言

学生在上课的时候，若要发言，必先举手，得教师许可，然后发言。学生发言时必须起立。有许多学校里，教室秩序非常之坏，三四个学生同时发言，教师不加禁止，反而大声叫喊地去对付他们，这样就使秩序更加混乱，声音更加嘈杂。所以，凡遇到二个以上的学生同时发言的时候，教师必须用一种禁止嘈杂的符号，如：用食指或教鞭往上一指，或把食指靠在嘴唇上。不过这种符号，预先要教学生明了的，最好是开学的时候，就教会学生。所用的符号，不必限定；不过要全校一致，不要各用各的方法，使学生无所适从。

（三）脱帽

学生进教室必须脱帽，除了在露天或极简陋的教室之外，上课时候学生要脱去帽子，以免妨碍视线。

四、布置教室的问题

（一）废止痰盂

吐痰是中国人的恶习，这种恶习是从小养成的。小孩子在家里就看到成人是随地乱吐，也会不知不觉地乱吐起来；学校里面的痰盂，无形之中暗示小孩子去吐痰。小孩子本来是没有什么痰的，不过看见了痰盂也去吐些口涎试试罢了。但是吐了几次，就会成为习惯的。所以我以为教室里不要放痰盂才是。小孩子有的是鼻涕，不是痰。只要叫他们备几块手帕，把鼻涕擤在手帕里也就是了，何必要痰盂呢。

（二）字纸篓

字纸篓须安放在教室内隐蔽的地方。有一天我参观一个学校，我看见各教室内都有一个字纸篓，这当然是很好的；不过字纸篓个个都放在很显眼的地方，一进教室就会看见，就给人一种不好的印象。这种虽然是小事，然而足以养成学生做事随便的一种坏习惯。

（三）图表成绩品和照片镜框的张挂

往往看到学校里很美观的墙壁上，钉上许多图画和成绩品。后来一经更换，墙上就留着许许多多的麻点，实在是难看得很。这种随意乱钉的坏习惯，在学校里是很普遍的。补救的方法，是在墙上适当的位置——在学生座位的背后，或右面的墙壁上——钉两条或三条木条子；这种木条子的阔度上面的一条两英寸，下面的两条一英寸半，各厚半英寸。每两条中间的距离十英寸，有了这种木条，墙壁再不得钉坏了。

教室里悬挂照片镜框的高度，要看一般学生的高矮而定。镜框的高低，要和学生的视线相平；倘使太高或者太低，看的时候就要费力了。至于镜框的平面，要差不多和墙面平行才是；过分的冒出，不但失去美观，看起来亦不便利。

各种图画及镜框等的悬挂，最好要横竖相称，大小相同，方便美观，不单调乏味；呆板的张挂，是大忌的。

五、教室开关问题

（一）门枢要常加油，不使发出一种磨擦的声音

教室里的门一天不知要开关多少次数，如果听它去发出磨擦的声音，不但刺耳难听，而且要扰乱秩序。有时正在上课的时候，一人开门进来，门上发出"咿呀"的声音，全体学生就会回头观看。

这种加油的工作，当然是学校里庶务的事。不过有时候庶务不知道或者竟是忽略，那做教师的就应该立刻去通知庶务；如果学校里没有庶务，那就当然是教师的责任。这件事看起来很小，但是在学校里是普遍得很。在这种地方，很可以看出学校里办事周到不周到和教师工作精细不精细。

（二）教室的门应当常常关闭

我常常到学校里去，往往看到教室门是半开半关的。这也是教师办事不精密的一种表征。我们要问教室为什么要有门，无非是方便出入。学生既然在室内上课，不用出入，何必要半开半关呢？况且半开半关，有三种不妥的地方：

1. 如遇刮风，玻璃容易敲碎。

2. 室内声音容易传出，妨碍人家；同时外边的声浪，也容易传进去，妨碍教学。

3. 门外有人走过，引起学生无谓的注意，妨碍学业。

六、课桌椅的问题

（一）桌椅须收拾整洁

教师一进教室，就应当看学生的桌椅有没有安放整齐。有许多学校里，有时候一排桌椅竟会前前后后的参差不齐，于观瞻上既有妨碍，于精神上亦觉不快。

还有教室里的桌椅很脏，或者竟是破坏的，这种问题，教师都应当顾到的。要知道教师教学生，不仅是灌输知识，对于学生生活的各方面，都应当顾到。何况肮脏和破坏的椅桌，直接可以影响学生的学业呢。

（二）桌椅的高度

桌椅的高度于小孩子的身体学业，也大有关系。高低拿什么做标准呢？请看《儿童教育》三卷一期拙作《课桌椅高低标准》一文。如果教师看到课桌椅的高低不合度，应当立刻通知学校当局，设法补救。

七、学生坐的问题

我们假定课桌椅是完全适合的，而不注意到学生坐的姿势，那么好的设备，仍旧没有多大好处。有人说："学生在家里的时候，背是直的；进了小学，背就有些弯了；进了中学，背就驼了。"老实说一句，学校几乎是"驼背的养成所"！我们做教师的，一定要注意到学生坐的姿势。他们写字看书的时候，都应当靠着椅背，坐得很直才是。最好在上课之前，就提醒小孩教他们注意坐的姿势，等到坐好了才上课。

教育工作者的修养[①]

绥远陕坝奋斗小学康书文先生、浙江诸暨紫东乡中心国民学校蒋维炜先生：

来信先后收到，关于你们所提出的问题，是值得我们教育工作者共同来研究的。因此，特地借《活教育》的篇幅，公开来讨论，这一点，也正好符合你们"公开发表"的要求。

现在，就来信所提出的问题，逐一加以讨论，是否正确，尚请你们指正。

首先，对你们提出的有关教育工作者修养的问题，在这里我想谈一些个人的看法。我时常这样想，历史的演进到今天已经进入了一个新的阶段，教育的范围、对象与内容，都已经跳出了教室甚至于学校的门墙，投入了大自然大社会的无比辽阔的天地，因此，今日的教育工作者，不但是一个儿童的教师，而且也是一个社会的工作者和自然的征服者，今日教育工作者的任务，真是空前的重大。

惟其如此，我们觉得一个优良的现代教师，其本身的修养，除了必须具备身体与精神的健康之外，更应当有广泛而正确的知识。他应当学习哲学，借此来健全自己的思想与工作态度；他应当学习社会科学，包括政治、经济、社会、历史等，一方面可以丰富其教学的内容，同时在另一方面，他更可以因此明了现实世界的大势与趋向以及现实社会的现象、状况，对自己生活的社会环境充分了解之后，一种现代化的中国化的新教育，才能创造出来，才能发展起来。同时他还应当学习自然科学，借以了解大自然的奥秘，从探问

---

① 本文原载《活教育》1948 年五卷三期《活教育通讯》栏。

大自然，进而征服大自然。

现代教师的理论修养，并不是单以武装自己的思想为终极目标。主要的，他应当把自己的正确的知识与态度，转化为儿童的知识与态度。因此，教师们除了一般的修养之外，更特别要注意到教育学术的修养，加强教育学术的认识与运用，这样来达到预期的效果。现在把教育学术方面的几本重要书籍与杂志开列于后。

【附】

从事教育青年必读教育书目录

书　名	著　者	出版书局
民本主义与教育	杜威著，邹恩润译	商务印书馆
教育哲学	林砺儒著	开明书店
陶行知教育论文选集	陶行知著，方与严编	民众书局
活教育理论与实施	陈鹤琴著	立达图书服务社
活教育的创造	陈鹤琴著	华华书店
教育生物学	张栗原著	文化供应社
心理学	谢循初译	中华书局
现代心理学	高觉敏著	商务印书馆
儿童心理之研究	陈鹤琴著	商务印书馆
儿童心理学	黄翼著	正中书局
发展心理学	赵演译	商务印书馆
教育心理学	萧孝嵘著	正中书局
向传统教育挑战	林汉达著	世界书局
小学各科心理学	陈鹤琴译	商务印书馆
顽童心理与顽童教育	高觉敏译	正中书局
儿童人格之培养	谭文山著	正中书局
问题儿童研究	周汉著	中华书局

基本教育（上、下二册）	王承绪著	商务印书馆
中国的基本教育	教育部远东区基本教育研究会议筹备委员会编	商务印书馆
教育行政	罗廷光著	商务印书馆
小学行政	程其保著	商务印书馆
小学教师	黄玉树著	商务印书馆
新小学教材与教学法	俞子夷著	儿童书局
现代教育思潮	雷道群著	商务印书馆
西洋教育史讲话	林汉达著	世界书局
中国教育史	王凤喈著	正中书局
苏联托儿学校与父母教育	董仁坚译	世界书局
怎样办幼稚园	钟昭华著	华华书店
活教育的教学原则	陈鹤琴著	华华书店

【附】

一个小学应订之教育杂志

刊物名称	主　编	出版书局
教育杂志	赵廷为	商务印书馆
中华教育界	舒新城	中华书局
教育通讯	教育通讯社	正中书局
读书通讯	朱有献	中国文化服务社
活教育	陈鹤琴	华华书店
基本教育	俞子夷	
教育与社会	陈礼江	国立社会教育学院
教育与民众	江苏省立教育学院实验研究部	江苏省立教育学院研究部
儿童与社会	言心哲	儿童福利促进会
现代教育丛刊		华华书店

最后，再就你们所提出的问题，分别解答于后：

（一）"小学生每日记日记是否合理?"关于这个问题，我们不妨先来分析一下，儿童记日记有些什么好处? 记日记的好处，最明显的是足以促进儿童写作发表的能力，同时，记日记又可以培养儿童观察生活的能力，与计划生活的习惯。不过，太呆板的结果，确能增加儿童心理上的负担，因而发生许多流弊。因此，我觉得日记是需要的，但不一定每天都要呆呆板板的记什么吃饭、睡觉，而只要指导儿童来记一天中最有意思的某一件事情就够了。如果不采用文字符号而另用图画，那也是很好的。尤其是低年级的儿童，更适宜用图画来表达意思。这就是我个人对于儿童记日记的意见。

（二）"小学六年级毕业成绩是否连以前之学期成绩计入?"关于这一点，我觉得没有什么必要。这里所谓不必要，其理由倒并不是因为计算麻烦。其实，儿童到六年级毕业的成绩，在实际上就是过去几年学习的总和。因此，对于以往几学期的成绩，也就无须重新计算了。

（三）"学生操行成绩究应如何评定为合理，分数制或等第制?"学生操行，其所包含的范围很广，从儿童整个人格到儿童对日常生活处理的方法与态度，全都包括其内。像这样一个复杂的结构，如要一分一厘的加以区分，实在很难，所以，用等第来分级，也许比较合理些。

以上是我个人的意见，对否有待大家指教，以后希望多多来信讨论。再会!

敬祝

教安

陈鹤琴启　3 月 15 日

重视儿童的力量[①]

十六届儿童节过去了。

是不是在 4 月 4 日举行了一次庆祝会，就算是纪念儿童节呢？不，决不，假使儿童节仅仅这样来庆祝的话，简直意义太小了。

试想，全国 4.5 亿人口中，假使儿童占有 1/4 的话，那么全国就有一万万个儿童，这一万万个儿童，分散在各个家庭里，他们像一盘散沙，漠不相关，假使把这一万万个儿童在同一目标之下组织起来，他们的力量是伟大的，他们所能创造的事业，是成人们想象不到的。

今年纪念儿童节，我们就要做这件工作，把全世界的儿童们在同一个目标之下组织起来。这共同的目标是什么呢？就是"互助"。你不会做的事，我帮助你做；你没有的东西，我帮助供给你；你不晓得的事，我帮助你知道。这就是今天我们要发起的"世界儿童互助会"。

儿童互助会，除了互助之外，还有许多重大的意义：

(一) 儿童情绪是热烈的，有力量的

在传统的学校教育之下，儿童的一切工作，都是在被动的情境下进行的。在儿童心里觉得这是老师叫我做的工作，这样，工作就变成"还债"式的了。因此，儿童的生活是枯燥的，情绪是冷淡的，总之，埋没了儿童的力量，摧残了儿童的创造力。从这一个观点上来看，全中国的儿童，都是不幸的，他们做了父母的奴隶，做了老师的奴隶，儿童要从家庭和学校的牢笼中解放出来。换句话说，他们要做主人，计划自己的工作，完成自己的工作，无需老师或父母来越俎代庖。这样才能真正发展儿童的才能，在自由和独立

---

① 本文原载上海市校教师福利促进会编《福利消息》1947 年第八期。

的情境中，他们对于工作是热烈的，他们有力量来完成自己的计划。

（二）儿童创建自己的福利事业

在目前中国的社会里，生活中的各项设施，完全是为成人的，社会简直忘记了儿童，这是成人们的自私。儿童看的电影是成人的电影；儿童看的话剧，是成人的话剧；没有为儿童特设的诊疗所，没有为儿童做实验的科学馆，没有为儿童的运动场。这许多儿童的福利事业，只有靠儿童自己的双手和大脑来创造，靠儿童自己的努力来建设。

（三）儿童的学习是互助的

根据最新的教育理论，儿童的学习应当是集体的，互助的，因为大家的意见，一定比个人的意见来得完美。一级里有一个儿童成绩不好，全级的儿童，都有责任帮助他取得成功。而且，儿童教儿童完全合乎学习心理的原则，因为他们的话语和思想逻辑完全是相同的。

（四）建立世界永久和平

战争给予儿童的灾难最深刻，最痛苦，所以儿童最希望世界永久和平。只有通过世界儿童的互助，发扬互谅、互信、互尊、互爱的精神，来建立世界永久和平。

（五）教师处在指导的地位

儿童互助的事业，应当由儿童自己来主持，教师仅处在指导的地位。我们一面要认识儿童是有力量的，同时，不可否认儿童是没有成熟的，需要老师的指导。可是指导应遵守两个原则：1. 凡是儿童能够想的，让他自己想；儿童能够做的，让他自己做，必要时，才给他指导。2. 指导的目的是发扬儿童的才能，不是抑制儿童的活动。

儿童互助会的筹备工作，已经于 4 月 13 日开始了，在不久的将来，数千万个儿童，在同一的目标之下，团结起来，创造一个光明的、和平的、快乐的世界。

亲爱的教师们，儿童的命运，掌握在你们手里，只有认识儿童，爱儿童，才能发展儿童的才能，光明的、和平的、快乐的世界完成的一天，也就是我们的任务完成的一天。

八个学术顾问①

陶行知先生在重庆办了一个育才学校，实验一种新教育。他曾经编制"十字口诀"，供一般从事学习者之参考，我觉得这"十字口诀"极有意义，所以很愿意在这里把它介绍给各位。

所谓"十字口诀"到底是怎么回事呢？

它的来源是由于陶先生从前看见人家所写描摹庙中菩萨的"十字歌"，觉得很有趣，后来就把它改为"十字口诀"。那"十字歌"陶先生也曾告诉我听，可惜已经遗忘了，现在就根据我家乡所流传的那支歌写在下面，当然与陶先生所知道的那一支稍有不同，不过这也无关紧要。其歌如下：

一貌堂堂。两眼无光。三炷香火。四肢无力。五脏全无。六神无主。七窍不通。八方来拜。究（九）竟如何？实（十）在无用！

陶先生所改成功的是这样：一个大脑。两只壮手。三圈连环。四把钥匙。五路探讨。六组学习。集（七）体创造。八个顾问。九九难关。誓（十）必克服！

这个口诀完全是指导我们青年如何求学的，实际说来，称它是指导我们做人做事的，亦未尝不可；因为这口诀里面，每一句都包含着一种很深刻的意义，我们如能照它去做人做事做学问，必可获益不少。我现在来把这个"十字口诀"稍微解释一下：

一个大脑——就是要我们遇事都要用脑筋去想。

两只壮手——这是说凡事都要实地去做，要勤于用手。所谓"双手万能"，就是这个意思。

---

① 本文原载《活教育》，1945 年第三卷第八期。

三圈连环——什么是三圈？就是"个人、国家、世界"，三者息息相关，不可或分。

四把钥匙——哪四把钥匙呢？（一）国文。就是本国的语言文字，凡为国民，当然要具备相当的基础才是。（二）数学。因为各种科学都是以数学为基础的。（三）科学。科学是救国所必不可少的。（四）英文。我们要了解世界，光靠本国的语文，一定不够，所以要另外研究一种外国文字，以资相辅为用。而外国文字中间，要算英文最普遍，流传最广，所以英文也是求学问的一把钥匙。

五路探讨——所谓五路就是指：（一）体验；（二）看书；（三）访友；（四）求师；（五）思考。这五路是指求知时所取的步骤。

六组学习——这是指育才里面的学生依照各自的兴趣，分组研究。他们所分的有六组：（一）文学；（二）音乐；（三）图画；（四）社会，包括社会、史地、时事；（五）自然；（六）劳作。

集（七）体创造——这是说我们要创造新的世界，新的国家，新的社会，必须群策群力，以求意志力量之集中，争取最后的成功。

八个顾问——这八个顾问最有意义，是我所要特别郑重介绍的，留待后文叙述。

九九难关——这是说在学习过程中，一定有许多困难，犹之唐僧取经要经过八十一个磨难。

誓（十）必克服——这是顺着上句"九九难关"来的，谓在学习过程中逢到任何困难，必须立志克服，决不中途退缩气馁。

你看上面各条口诀包含着多么深刻而重要的意义在里面呢！我觉得除了第五句"五路探讨"里面的"体验"两个字顶好换"实验"外，其余各句都很完善，特别是"八个顾问"值得我们采作座右铭。

说起这"八个顾问"，也是有来历的，我记得好像是英国大诗人吉柏林（Kipling）曾说过，研究学问要请六个顾问。这六个顾问的名单如下：

（一）什么（what）；（二）怎样（how）；（三）何时（when）；（四）谁（who）；（五）为什么（why）；（六）哪里（where）。

现在陶先生又添聘了两个顾问：一个是"到哪里去"（whither），这还包含"趋势"的意义；一个是"多少"（much），这是对时间和数量的观念。合起来一共是八位顾问先生。

这八个顾问对你有什么帮助呢？说起来不相信，帮助大极了，古今中外，凡是研究学问而真正能成功的，一定得益于它们不少，不过或者他自己不知道罢了。以瓦特（Watt）为例：从他看见蒸汽冲起水壶盖起，一直到他发明蒸汽机，就是因为他能够不断请这八位顾问来考问自己，所以他才去研究实验，而获得了成功的。

育才学校因为采用这种学习方法，竟获得了意外的成功。陶先生曾经亲自告诉我，他们学校里有一个 14 岁的学生，有一次他阅读一本苏联作者所著描写中国情形的书，其中讲到马可·波罗来华的事。该书谓马可·波罗到中国来，是在成吉思汗的时代，这小朋友请了八位顾问，结果，第三个顾问"何时"，使他发现了苏联作者的错误。因为他为了要明白马可·波罗来华的正确时期，所以他就又去参考中国历史，知道马可·波罗不是在成吉思汗时代来的，而是在 1275 年 5 月忽必烈那个时候到中国，其时马可·波罗的年龄是15 岁。

另外有个小孩子研究"三保太监（即郑和）下西洋（即现在的南洋群岛）"。他把郑和航海的经过情形和哥伦布航海的经过情形比较一下，竟得了一个结论，证明中国在"郑和下西洋"那时候的造船技术比外国来得好。

郑和下西洋其时在明成祖永乐三年，即西历 1405 年。哥伦布发现新大陆却在 1492 年，所以郑和航海的时期比哥伦布还要早 87 年，郑和的航海队比哥伦布的航海队伟大得多，郑和的航海船有大小两种：那大船，长有 44 丈，阔有 18 丈；小船，长有 37 丈，阔有 15 丈。大船有 62 只，可容士兵 27 800 多人，每只可容 460 人。哥伦布只有 3 艘船，每艘只能载几十人。郑和的船吨数多，哥伦布的船吨数少，把各方面的情形比较下来，可以证明中国那时的造船技术确是比外国要高明得多。关于这位小朋友的大胆的推论，我们虽然不能说这是绝对正确，但是他治学的精神和方法确有可取的地方。

我觉得这"八个顾问"的确很重要，很值得我们来"聘用"，所以特意郑重地介绍给各位。

师范教育的根本问题^①

现在谈谈教育的人。谁都知道师资的重要，提到师资二字，就要联想到师范教育。因为师范教育是一般师资的出产处，也就是教育进行中的船舵。简言之，师范教育好，造就的师资也好；师资既然好，办的教育就不会不好了。然而好的师范教育，决计不是纸上空谈所能奏效的。必须要实事求是，在事实上去用工夫才好。否则犹如在陆地上学游水，一定没有效果的。所以要办好师范教育，依我的意见看起来，至少须先解决下面的几个学习的根本问题。

一、相当的动机

学习任何事情，第一是要学习的人自己要学习；自己要学习，才能尽心竭力，不避艰难地去做；这种要学习的倾向，就叫做动机。教授任何事情，必定要先把学习此事的动机引起，方始有效。反之，如果没有动机，勉强他去学习，那就如俗话所说："捉老鸦到树上去做窝，永世不得成功了。"

二、相当的动境

某种动机的引起，必须先要有某种需要。何为需要，就是在某种境况之下，不得不做某种活动。譬如在水里面才好学习游泳，在山上才好练习爬山，各种学习均是如此。否则犹如在陆地上学游泳，在平地上学爬山，即使盲目地去干，亦终究无济于事的。

---

① 本文原载南京特别市《教育月刊》1928 年第一卷第五期。

三、充分的自习

学习的人有了需要，有了动机，才能把学习的事当做切身问题，不需外力的压迫，自动地去做。这种自动学习的效率绝大，用其他任何教学方法都是达不到的。

四、相当的辅助

照上面所说的三点，学习的人有了动机，又在相当动境之下，就能自己尽力地去学习，得着最大的效果。是不是用不到教师了呢？不是。学生一方面自己学习，一方面在遇到困难的时候，还是要教师去辅助指导的。美国密勒氏说得好："教师可以帮助儿童自己去努力，渡过他的缺陷，决不能把儿童驮在背上，飞过他的缺陷。"教师对于学生的责任，就是如此。做教师的对于这一点，不可不切实明了。

上面所说的四点，一、二、三是属于学者方面的，第四点是属于教育方面的。教的主旨，是辅助学者自习，所以中心问题仍旧是在学的人自动，一切学习都是如此，师范教育当然亦不外此例。然而试观中国以前的师范教育，对于上面的几个问题，可说是没有顾到。师范学生大多数是因为师范学校不收膳宿费，所以去进师范学校的。在学的时候所学的无非是书本教育，并无施教的需要和欲望，毕业以后亦并不一定诚意地去做教师，无所谓动机和动境。师范教师呢，亦只照例地在纸上空谈教授学生，明知道没有效力，亦无法去改革。因此学生毕业之后有的赋闲，有的改行，有的勉强去当小学教师，脑筋中却存满了五日京兆①

---

① 五日京兆：汉代京兆尹张敞因杨恽案被牵连，将受皇帝处分。敞叫絮舜办案，舜以为敞行将免职拖延不办。说"吾为是公尽力多矣，今五日京兆耳，安能复案事！"（见《汉书·张敞传》）后遂称任职时间很短或即将去职为"五日京兆"。

的观念。这种样子办教育，难怪没有良好的结果了。

所以现在有人提倡艺友制来解决师范教育里种种弊病。艺友制的大概意思，就是把学习与理论合而为一。就是怎样做便怎样学，怎样学便怎样教；教的法子根据学的法子，学的法子根据做的法子；先行先知的在做上教，后行后知的在做上学。凡学校有一艺之长的教师，便可招收艺友，大家共教共学共做，打破从前纸上空谈，大书呆子教小书呆子的陋习。简而言之，就是教、学、做三者合一。要教所以去学，要学所以去做。三者互为因果，循环不息，纯粹出于自发的活动，可把上面所讲的四个问题完全解决。当今的师范教育，似乎适宜不过实行这个制度了。教育者何不大家起来把这个制度切实地研究一下呢？

谁是成功的教师

做教师难，做一个成功的教师更难。但是做教师的，谁不想做一个成功的教师！

我们都知道，教师的工作是直接影响着成千成万的学生，而间接又由这些学生来影响更多的人。教师的影响既如是之大，所以凡是做教师的，谁都应该做一个成功的教师。

一个教师，他整天的跟学生生活在一块，一言一语，一举一动，无形之中，学生都受着莫大的影响。所以有人说，学生是教师的一面镜子，教师的行为习惯，学养人格，都可以在学生们的行为上反映出来。因此，一个教师如果希望学生有好的表现，自己一定先要有好的表现。但是，怎样才能有好的表现呢？又怎么样知道自己的表现是好的呢。

无疑的，我们需要一种量尺。一个教师可以用它来度量自己的成就，量出的结果，就是他成功或失败的最好的标记。而且，我们还可用以作自我检讨，找出自己的优点和缺点。

下面，我提出几种评量教师品格的量表，跟大家讨论。最后为了供给教师在个人方面，职务方面，作一个忠实的自我检讨起见；作者更提出美国最近的一种教师自我评量的量表。

一、笼统的评量方式

三十年前欧美各国大都应用着这种方式。其内容都是根据各个教育家的意见，将教师应有的品格，分为普通的和特殊的二大类：（可参阅罗廷光所著之教学近记）

（1）普通的品格

分健康、仪表、声音、辞令、机敏、同情心、合作心、热心负责、诚恳忠实、进取精神十项。

（2）特殊的品格

教师除具备普通的品格之外，各级教师还应该具有特殊的品格。幼稚园教师应该具备何种品格呢？依柏格莱（Bagley）和堪斯（Keith）的意见，有下列四项。

  a. 对于琐细事件的兴趣

  b. 对于各儿童的兴趣

  c. 明慧的忍耐心

  d. 清晰的头脑及和蔼的性情

又小学教师应该具备何种品格呢？阿尔麦克（Almack）和兰格（Lang）曾经根据业务分析的原理来拟订：像：参考书、图书馆书目、书报指南等用法，普通学校所用教材的资料，朗读与语调悦耳正确，能奏一种乐器或歌曲，共廿条。

二氏又列举了小学教师应有的知识、技能和道德的标准：

  a. 知识——读法、语言、拼法、算术、史地、公民、卫生、书法、体育、科学初步、音乐

  b. 技能——注册保管，制作报告，指导游戏，监护儿童行为等

  c. 道德——合作、热心、守正、坚忍、振作等

二、计分的评量方式

计分式的评量表也是廿五年前所采用的，内分四大项：（1）教室管理共一五五分。（2）仪容言动，共一九二分。（3）教材及教法共五二一分。（4）学生反应共一三二分，总计一千分。（可参阅孙邦正编著之教育视导大纲）。

第一项，教室管理，下分上课下课，进出教室，空气、坐

次、课内秩序等八小项。

第二项，仪容言动，内分态度、举动、体格、衣履、语言等八小项。

第三项，教材及教法，内分组织、复习旧课、指定工作、矫正、活动等十小项。

第四项，学生反应，内分兴趣、发问、反应三小项。

每一小项内，又分若干条，像上课下课这一小项内，共分三条，a. 遵守时间，九分。b. 迟到或早退三分钟以上，六分。c. 不依时间，三分。评量的时候，可以逐条记分，然后将各项总分相加，就可以看出这位教师的教学的效率是不是很高。

三、自我检讨的评量方式

检讨式的评量方式，是美国一位教育工作者芬纳（M. S. Fenner）所拟订的。我已经将它全部翻译出来了。教师可以用来自我检查，对于自己的身体、言行、生活、工作各方面，都可以自问自答的评量出自己是否是一个成功的教师。

a. 我的仪容

1. 我的仪容已尽我所能使我感到可爱吗？

2. 我好好地整饬，使头发清洁，双手及指甲经常清洁吗？

3. 我的牙齿及口腔气味表示饮食适当和口腔卫生吗？

4. 我保持直立的姿势，而不依靠书桌吗？

5. 我的头部正直，两肩向后，胸部凸出，足趾支持体重，两臂及两腿舒适地摆动，显得风度优美吗？

6. 我避免坐立不定和用手指旋转铅笔等癖性吗？

b. 我的康健

1. 我具有由康健而产生的充沛的体力吗？

2. 我的卫生习惯是合理的和规律的吗？我得到充足的新

鲜空气和阳光吗？我有适当的饮食习惯吗？我适当地休息和锻炼体格吗？

3. 我免除健康上的缺陷和可以医疗的慢性疾患吗？

4. 我戒除有害健康的习惯吗？

5. 我能控制我的神经，而不在事后作不负责的推托吗？

6. 我能常年保持有余的精力，而不致发展成慢性的疲劳吗？

7. 我心情愉快，容光焕发，显示心理上和精神上的健康吗？

c. 我的谈话

1. 在公开场合或私人谈话中，我的谈话能予人以良好的印象吗？

2. 在轮到我说话时，我不垄断他人的谈话时间吗？

3. 我曾察听自己的声音，知道确是悦耳的吗？

4. 假如我有了语音的缺陷如：发音含糊、鼻音、或音节不清等等，我有过适当的矫正吗？

5. 我说得相当地慢吗？

6. 我每天练习，以期养成清澈的发音和清晰的语音吗？

7. 我常常在增加我的字汇吗？对于发音尚不确知的字，我查阅字典吗？

8. 我经常注意改进我的国语，使之值得作为学生的模范吗？

d. 我的待人

1. 即使是在别人嘲笑我的时候，我仍能保持幽默感吗？我常常笑，而笑得颇有风趣吗？

2. 我对人讲话委婉而和悦，不过分地率直吗？

3. 我遇致怒之事，仍能保持心平气和，以免自己的感情受伤，而得批评和建议的益处吗？

4. 我从从容容地和他人会晤，正视对方的眼睛吗？

5. 我在宴会时有良好的礼貌吗？

6. 我所写的信富有趣味吗？

7. 我抑制自己，不过分用"我"字吗？

8. 我能充分地报道时事、音乐、文字、运动以及其他方面的情形，不使我的谈话只限于"本行的事"吗？

e. 我的职业

1. 我是一个本地教育会，省教育会及全国教育会的会员吗？

2. 我从专门的阅读、联合会、暑期学校、旅行等等来充实我的教学吗？

3. 我已研究过遵守我的职业的道德规律吗？

4. 我能体味教师职业的重要性，并且熟知它的历史吗？我宁愿教书而不愿做其他的事情吗？

5. 由于自我检讨，指导员的建议，或应用新法实验，我曾发现我的教学弱点，并且努力克服吗？

6. 我曾将我的教课经验撰文发表吗？

7. 我至少用薪水的百分之一来购买经过选择的书籍吗？

8. 在人类福利方面，我至少选择一个重要的范围而作一个忠诚的研究者吗？

f. 我的学生

1. 我像对待朋友一样地和学生相处，并且建立了相互了解，信任和尊敬吗？

2. 我对每一个学生有真诚的兴趣，使他们感到公平无私吗？

3. 学生有机会和我讨论编级及其他的问题吗？

4. 我的教课是否有良好而有效的计划，使学生们都能真正地学习？学生喜欢我的课吗？

5. 学生对所教的课和指定的课业，觉得清楚理解吗？

6. 我利用有兴趣的班级活动，来获得良好的秩序，且使每个学习者都作相当的贡献，而非由于勉强服从吗？

7. 对于学习有困难的儿童们，我在课外给以指导，而不引起全班注意他们的行为吗？

8. 我的教室整齐清洁吗？对于我的学生们是一个可爱的儿童之家吗？

g. 我的同事

1. 我对于同事们的友谊良好吗？

2. 我和同学们、学校行政当局和教育局合作吗？

3. 我对于教室以外的事，如餐厅和运动场的监护等等，尽了我应尽的责任吗？

4. 我有庆贺同事们职务上的成功雅量吗？

5. 我按时地和准确地撰写报告和记录吗？

6. 我认为教师会议是一个学习的机会吗？

7. 我把决不诽谤同事这件事作为一个永久的规约吗？

8. 我能改变我的计划来配合他人的计划吗？

9. 我忠于我所参加的职业团体，并且将它的利益置于自己的利益之上吗？

10. 我履行诺言及义务能够使人信赖吗？

h. 我的社会生活

1. 我是一个好邻居吗？

2. 我是真正的住在这里，还是做一个流动的教师，兴趣和活动均集中在外面呢？

3. 我参加社会活动吗？我投选举票吗？

4. 我访问学生的家庭，俾能明了他们的背景和需要吗？我向父母们表示我对他们的孩子真诚地感到兴趣吗？

5. 我是父母教师联谊会的活动分子吗？

6. 我所教的课业和社会生活相配合，使之变成活的教学吗？

7. 我的社会的及道德的标准与我的职业相称吗？我在校

外择交谨慎吗？

8. 我重视本地的风俗吗？

以上三种方式，我们可以来讨论一下，到底哪一种方式最好，最合用。第一种方式，我觉得太笼统，也不太具体，所以教师评量的时候，似乎得不到一个正确的答复。第二种方式可以说是给视导人员应用的，仅限于教师在教学的时候，逐项的评量，记载分数，而对于教师的人品学识各方面，都没有列举出来，所以第二种方式，只能用来评量教师的教学效率。第三种方式，是美国评量教师的一种，而这一种方式比较来得具体，内容也较详尽。就是日常生活最细微的小事件，也都列举出来了。所以每一个教师，可以依照里面的问题，在每一个星期里，或每一个月里，自己反省一次，然后在问题后面，作上一个记号，表示自己是否做到。不过，这一个量表的内容，还不能完全适合于中国教师应用，我希望以后能够加以修正，加以补充，拟订一个比较完善的评量表，给中国的教师应用。

怎样做一个理想的教师

我想一个理想的教师，至少要有三个条件：

一要有健全的身体：一个理想的教师，体格要健全。怎样立，怎样走，小孩子看了你，都会模仿你的姿势，所以教师的立与走，都要做小孩子的榜样，不但在教室如此，就是平常也当这样。身体的健康与否，会影响到情绪的优劣，一个人有了好的身体，才能得到快乐，小孩子常常笑容满面，就是他们的身体好。

美国总统林肯，他面孔很难看，是一个麻脸，但是他的心里却非常愉快，真所谓"诚于中，形于外"。他更有一种和蔼可亲的态度。有一天，一位老太太和一个人说着："世界上最美丽的男子，要算是林肯了。"因为他不但是仪容格式使人赞美，并且表现出各种美的态度来，使人对他发生好感，所以一个人不一定面容要好看，健康的身体、愉快的心情、和蔼的态度，倒是很重要的条件。

其他，对于教师的发音也非常重要。声音不一定要很高，声音太高了，结果使小孩子的血液时常在激动，并且会过分刺激他们的神经。不但讲的声调要适宜，对于措词，也该得体，同样一句话，只要你措词得体，就会动听。

二要有爱护儿童的心肠：做一个教师，一定要能爱护儿童。假定没有爱护儿童的心肠，虽你"满口珍珠"，但结果仍会和儿童格格不入。不过，这倒是不容易做的事，所谓"知易行难"。教师对于儿童，不能有歧视的态度，普通的教师，往往对于清洁的儿童都很喜欢；对于不清洁的儿童，就很厌恶，这是不对的。我们要把孩子都当做我们自己的孩子，要一视同仁，有了这种心肠，小孩就会受到你的感动，我认为做教师的，这是最重要的条件。儿童心理学方面告诉我们，3 岁的小孩就知道爱和恶；同样一个小孩，有的人去抱他，他会哭；有的人去抱他，他会笑，这就是因为各个人爱护小孩的心理不同。冷酷的人，是孤独的；和蔼的人，会有很多的朋友。

我们除了爱护小孩以外，更要认识小孩，因为我们的对象，不是抽象的人，我们对于每一个学生的能力、性情，以及家庭状况，都要了解清楚。

有一所学校没有体育设备，那校的小孩都很顽皮，他们常做弹豆的把戏，只要有人走过，就要弹他一颗。有一次，一位教育家到他们校里去参观，也遭到小孩子的几颗弹豆，他便去询问校长："怎么你们的校风这样坏？学生这样顽皮？"校长只是说："此地小孩，很是顽皮，实在没有办法。"教育家听了，仔细研究了一下，便请校长立刻召集学生，集中在礼堂里向他们讲演；可是这位教育家讲演时，终不提弹豆的事，演讲完毕，校长和教育家都站在门首时，恰巧有一个身体高大的学生，无疑地他是一个顽皮小孩的小组织中的头脑，他走出校门，校长便介绍给教育家。教育家问他道："我托你做一件事，可以么？"这学生说："什么事？"教育家道："你给我预备10副弓箭，明天早晨10点钟，我要到操场上来取的，好不好？"那学生道："很容易，一定办到。"校长因为明天不上课，怕他们不来，便问道："那么其余的人来不来呢？"学生答道："那不要紧，包在我身上。"到了第二天早晨，果然都拿着弓箭来了，教育家便教他们射箭的方法，小孩子都非常高兴，天天去练习，不久，把弹豆的习惯，变成射箭的技术了。这就是校长过去不了解儿童的心理，不能相机改变儿童的习性，只是一味去压制，没有给他一个正常发泄的地方。这位教育家了解到这一点，结果把坏的行为转变为好的活动了。

所以，教师对于小孩的心理，一定要了解。小孩因发育时期的不同，他们的心理也随之各异，我们一定要用妥善的方法，去适应小孩的心理。

三要有研究的态度。教师没有研究的态度，就难收到良好的成效。教书是一件难事；我们在过去学校中所学的，有许多不一定是相宜的，所以我们不能一味的拿了书本去教学。我曾参观过一所学校，那所学校正在菜场后面，我便问一位教自然的先生道："你教自然有什么困难？"他答道："校中无标本、仪器，觉得非常困难。"我就对他说："你的标本就在你的前面，你买了鱼来，就可以看见鱼的动作，鱼的沉浮；你买了一只萝卜或几粒豆，你就可以研究它的形态和生长程序；你在这环境里，尽可研究一年四季的东西，不一定按照书本的内容呆板地去教学。"我们做教师的，应当随时随地，留心去观察，尽管不是书本上的材料，我们也要利用它，使它变成教材，何况明明是极好的教材呢！

还有中国幼稚园内用蜡膏做手工的，可是蜡膏价钱很贵，大多来自外国，其实中国也有很好的东西可以替代。因为不去用脑想，不去用眼看，所以一味去向外国买蜡膏。有一次，我看见一个山东的米粉工人，用颜色粉做成各种各样的玩物，卖给小孩子，我便花了5块钱去向他学调粉的方法，学会以后，回去就用米粉仔细研究，照样去做，做起来也很美观；再加些明矾，便不会发酵，可以多放几个星期，用这方法做出来的东西和蜡膏一样，那么何必一定要花更多的钱去买外国的蜡膏呢？这就是因为不能应变，我们应当随时随地睁大眼睛，到处去找材料。

又有一次，我在上海惠罗公司内看见一个盘，盘中像钟一样，有一长针，底下有一短针，都可以动的，这是一个赌具，我看见了这赌具，就利用它做一个九九数盘。本来是一个赌具，现在变为一个很好的教具了。中国麻雀牌是很坏的赌具，也可以变成认字、联句子的教具。所以做一个理想的教师，一定要有研究的态度，眼睛放大，脑筋灵敏，虚心学习，随时应用才是。我记得陶行知先生说："宇宙的一切，都是教材，有许多教师拿一本死书，把自然的活的教材，都遮没了，我们要把书本抛在旁边，张大眼睛去看看世界。"这样才算是一个理想的教师。

总括以上所说，一个理想的教师，第一要有健全的体格，良好的心境；第二要有爱护小孩的心肠，认识小孩的个性；第三要有研究的态度，要能多方采取新的教材与教法。对于一切，要假定它是错的，然后用证明的方法，找出对的地方，那才是真对。

今天所说的很简单，做教师的倘能达到这三点，我想离理想的目标就不远了。

第二章

认识小学教育

小学教育问题①

今天我不和诸位讨论深奥的学理，只就我几年来办理小学的经验和感想，归纳成几个问题，和诸位研究研究。

一、事务问题

事务是学校行政的一部分，所以事务问题是一个很重要的问题。我国的一般大学的教育学院或师范学校，并没有学校事务这门功课，以训练事务人才；所以这种人才，现在很少。一个学校办得好不好，与事务员（有的学校称庶务）的得力与否，有很大的关系。学校里一切的设备，应如何布置与管理，以至一草一木，应如何种植，才能算适当、整齐、清洁，而使一个学校的环境很优美；儿童们作息其中，好像在一个乐园里。否则，布置失当，形成了一个很不良的环境，对于儿童，就有很不好的影响。关于这种布置与管理，都是事务员的任务。普通学校里，因为事务员和教员，平时不注意把门窗扣搭好，风起时吹动了门窗，门窗上的玻璃便往往要震碎，所以每年都要添配许多门窗上的玻璃；这事不但不经济，且会影响儿童养成不良的习惯。这种门窗的启闭和扣搭等事，事务员也应当特别注意。其余如教室内椅桌的安置，也应随时注意其整洁。又有一次，我参观南京某学校，看见一个教室内有好几个已破坏的桌子，还放在那里；这便是因为事务员与教员都不过问这些东

---

① 本文是陈鹤琴 1930 年的一次讲话，由庞任公记，刊登于《儿童教育》第三卷第四期。

西，所以任它破坏，也不叫人加以修理。教室里的字纸篓和痰盂虽然是更加小的东西，但也应当安置适当，如放在门背后或墙角里等地方最好；倘若放在教台的旁边或黑板的前面，那就太不像样了！当然，这种种零碎事务，有许多是校工做的；但决不可听凭校工随便去做，即使有具体的规定，如甲做何事，乙做何事；甲事应何时做，乙事应何时做；但还是不够的，还要事务员随时去训练他们，督促他们。并须制成各种详细的具体表格，以便视察时记录，而作统计与考查之用。

二、校长问题

做校长是很难的。做校长的人虽不能说是要万能。但能力一定要强，才能胜任愉快。校长对于行政方面的事务，如经济的支配、设备的管理等等，都应当精明强干。且对于各种功课，也应该相当熟练。就是唱歌这门功课，虽然是比较专门一点，没经过相当的训练是不会教的；但普通的音乐常识和教学音乐的方法，也不能不略窥门径；若完全是外行，则教员在教什么、教学法如何，全不了解，那么对于这个教员的好坏，又从何去批评呢？美国学校的校长，40%的办公时间是去指导教员的教学。但我有一次遇见一位英国的教育家，他不赞成上课时可以让人去参观，即使本校的校长也不必去视察教员上课，我问他有什么理由，他说："上课时有人去参观，便会妨碍儿童的注意。至于校长既已把学生交给了教员，便应当信赖他。倘若教员不好，也只好等学期终了时请他走。倘然有时校长要去教学生，也应请教员离开教室。"此种论调，我从未听到过，或许是英国的特异吧？美国学校的校长便不然，认为指导教员是他应负的责任之一。如遇到一位新的教员有什么不好的地方，校长都应予以指导。校长视察教员的教学或纠正教员的错误或缺点，万不可使教员误会他是恶意的监督或吹求，而应使教员了解他是善意的扶助与协作。这是讲校长对于教员的责任。校长对于人事亦很难应付，偶一失当，便要坏事。往往一个学校里的教员，发生派别，因此相互间的感情不能融洽，这都是因为校长平时未能注意在事先消除。所以要做校长，一定先要做过几年教员，才能明白教员的一切苦乐，而不至于与教员格格不入了！

三、教员问题

中国的一般师资训练机关，如师范学校或大学教育学院训练出来的师资，大概不甚高明。现在我们可以先讲教学游水这一回事，教学游水一定要有四个条件：（一）要有相当的动机。若在寒冬的时候，看见了冰冷的水就会发抖，那就不会有游水的兴趣。（二）要有相当的环境。教学游水一定要在水里去教学，若在空中，那无论教学得怎样周到标准，也决不会有效果。（三）要学的人自己学。若只有教的人教或示范，而学的人只是听或看，也决不会有所成就。（四）要教的人随时指导。否则，学游水的人也许会溺死在水中呢。好了，我们不多讲教学游水吧，我们再回头把一般训练师资的机关如何训练研究研究。普通不是教员照着教科书讲给学生听听，就是照着教科书做给他们看看而已。这不好像在空中教学游水，不让学的人自己学而只有教的人的教或示范么？这种样子训练出来的师资，怎能胜任教学工作呢？所以我国的一般训练师资机关，应当大大改革一下才好。

我们做教师的，对于简单的事情，尤其应当注意。在上课时应特别注意两件事：（一）应注意物质的环境。如课桌椅安置得适当否？桌椅有太高的或太低的否？窗开了没有？门关上没有？教室的门在上课时应当关上，因为门不关上，有人走过门口时，便会扰乱儿童的注意；同时又容易使本室内的声音传到别个教室里去。（二）应注意儿童的活动。如儿童坐的样子好不好？帽子除去了没有？在普通教室内，帽子应除去，因为戴了帽子，要阻碍坐在后面的人的视线。儿童写字时笔执得对不对？一个教员对于各种教学上的问题，应当时时刻刻研究，否则即使做了十年二十年甚至一辈子的教员，也不会成为一个好的教员；因为虽然有经验，若不加以研究，还是没有用的，我们应当注意这一点！

教员的生涯，实在是很苦的！一天忙到晚，还要预备下一天的功课，否则，即使有很好的学问，还是没有把握的。我听见从日本回来的人谈起：日本幼稚园的教师，上半天教育儿童，下半天预备下一天的功课，这也是一种办法。中国的学校内教师间往往生出许多派别，这是很不好的现象；非打倒不可！同校的教员应常在一处，尤其旧的教员应当常与新的教员在一处，万不可旧的教员只和旧的教员在一处，于是新的教员也便只和新的教员在一处，这样，一定会因隔膜而发生派别，而误会，而倾轧！

四、各科问题

先讲算术。这是小学校里的一个大问题。小学儿童多半讨厌算术，因为算术太难，儿童往往做不出，愈做不出，愈不发生兴味，愈没有兴味当然愈学不会了。我新近产生一个问题，就是：小学一二年是否要学算术？这个问题我已在幼稚园与小学里试验过，我愈觉得一二年级可以不必要学算术。我的理由是：（一）算术太难，儿童非到可以学算术的相当时候，勉强他学也不能学会。（二）即使能够学算术，但没有学别的功课重要，同时成就比较学算术大。（三）儿童不能懂得算术题中的文字，因此算术也做不出。根据这三个理由，所以我以为一二年级的儿童不如不学算术，而把这学习算术的时间，让出来多学国语。学国语当然不好仅限于一册教科书，应多用各种补充材料。我小时候没有进过小学校，但到了中学校却没有费多少时间，就把算术学会了。所以我以为一二年级的儿童暂时不学算术，等到三四年级的时候再学。这样学起来，或者费不了三四个月的工夫就可学会。假使能做到如此地步，那不是很经济的么？但这个到底还是一个问题，希望大家对这个问题来讨论、实验与研究！至于教学算术最应注意的一件事，便是每个儿童的个别困难。美国有一个教育杂志报告过某学校有一个儿童，国语课已在六年级，但算术课还是在四年级。这个儿童对于算术为什么学不好？后来应用了心理学加以精密诊断，才知道这个儿童做算术的时候，一定先要把数字变成某种什物的数目，然后才能做。譬如八加四这个加法，他做起来，一定要先把八字变成八个苹果，再把四字也变成四个苹果，然后把八个苹果加上四个苹果的得数求出，这样子自然慢了。我也知道中国的儿童，有的算乘法时，譬如算八除七十六，我们算起来一定就会看出"九"可以做的，因为七十六的"七"是与除数相近了。但他们却要从一八得八说起，直说到八九七十二，才能知道"九"是可以用的。这也是错误的习惯。所以教员在平时觉得某个儿童的算术没有进步，一定要仔细去诊断他的毛病所在，然后加以纠正与指导。但这工作，教员普通都不注意。

其次，我们再谈谈图画的教学法，在最近的《进步教育》（*Progressive Education*）和《儿童教育》杂志上，很有几篇讨论的文章。奥国有一位齐泽克（Cizek）先生，主张艺术要有创造的精神，儿童要有创造的机会，所以他不赞成叫儿童模仿名作，甚至参观古人的名画，而一任儿童的自由去绘画。他根据这种见解去教儿童图画，结果果然获得意外的成绩。有几个13岁的儿童画的画，或许是一般中学的图画教师也画不出呢！有许多画已由美国巡回图书馆分送到各处小学，以鼓励彼国之儿童。但同时又有一个西特（Thetter）先生，对于图画教学的主张，恰巧与西石克（即齐泽克，编者注）相反。他主张要儿童画猫或画兔，一定先要有一头真实的猫或兔，供给儿童仔细观察其形态、性质以及它们的生活状况，并须叫儿童参考关于猫或兔的名画，再加以讨论和研究，然后让儿童各人自由去发挥。他是这样教学儿童图画的，结果也获得了很好的成绩。但据我个人的见解，以为西特的教学法比较合理；因为一种东西，倘然没有直接看见过或间接经验过，如何能画得出呢？至于我们现在一般图画教师的教学法，真是妙不可言了！好的教师只是拿了一二件东西放在台上，叫儿童写生。差一点的教师，则往往自己先画了一尾鱼或一只鸡，贴在黑板上，叫儿童模仿；好像习字时临帖一样，这种方法实在太落后了！太拘束了！哪里能启发儿童的创造力呢？

下面我们再谈谈国语。现在的一般小学校，大都已废止文言文，而采用语体文了。语体文要不要儿童朗读？要不要儿童背熟？要不要儿童默写？这种种问题，我们都应当加以研究。照我个人的见解，语体文不妨朗读；但不可打起了从前读文言文那种滥调乱哼，应该用读语体文的调子朗读才对。好的散文或韵文，也不妨把它熟读或默写。外国的小学校对于这种文章或诗歌，也常常教儿童背熟。但中国的韵文如诗歌等，很少适合儿童阅读的；因为中国的文学家、诗人做的韵文，十之八九是为成人做的，不是颂赞恋爱的甜蜜，便是诅咒人生的苦闷，这种诗歌当然不是儿童所能了解的，所以也不宜给儿童阅读。中国的儿童诗歌这一园地，实在还是一个处女地，正待大家去努力开垦呢！关于小学一二年级的儿童记生字与默写生字的问题，也值得我们来研究。我对于这个问题，以为小学一二年级的儿童只要养成他们看书的兴趣，若要他们呆板地死记无意识的生字，甚至还要他们默写生字，他们一定不会发生兴趣。所以我认为一课课文中若有 5 个生字，儿童倘然能认识二三字就好了，只要教他多读几本书，生字的认识与熟读，在这样一遍一遍的重复中，当然会训练起来。因为儿童好动，所以教学儿童们读书也应当打破呆板机械的方法，而采用生动的游戏的方法，如教生字用闪烁片，教读书用"活动影戏"、"认字圆盘"等。

最后，我们再谈谈自然。普通的小学校对于自然课最感到的困难，是没有设备与缺乏材料。实则，这倒不成问题的。因为自然的设备与材料到处都有，只要我们会利用罢了。有一次，去参观一个小学校，看见学校的前面有一个小菜场。所以我便找了这个学校里的一位自然教员问他说："你在此处教自然有什么困难？"他回答说："这里自然课的设备太简陋，没有钱添置，这是一个顶大的难题。"所以我就对他说："贵校自然科的设备，实在最好没有了！"

他说:"何以见得?"我说:"贵校前面的小菜场,不就是贵校的自然课的设备么?一年四季,都有各种不同的自然材料供给你们去研究,你们为什么不利用它呢?"又有一次,我参观别一个学校,看见他们的校园里有一株盛开的樱桃花,灿烂夺目!所以我同他们的三位女先生谈话时,不期问起她们有否教过这樱桃花。一位女先生说:"什么!这是桃花吧?"一位女先生说:"我一向当它是碧桃呢!"还有一位说:"我是还没有教过。"这三位女先生自己对这株樱桃花还不认识,当然也不会利用它指导儿童去研究它了;实则这也是自然课的最好的材料呀!总之,小学校里并不必要有什么很完备的自然设备,自然课的材料也并不少,只要会因地制宜,随时利用就好了。

话讲得太多了!只再说一个小意见,就结束我的这个讲演。我以为普通的儿童都是好的,儿童所以会不大好,大半是教员教得不好,不是儿童学得不好。但普通的教员往往迷信儿童所以不好,是因为儿童的根性不好,把自己肩头上的一切责任都一起堆在儿童的肩头上!这样的教员,对于自己的教材,自己的教学法,当然都不会研究到底好不好,而求改进;则儿童们又安得而不糟糕呢?这个迷信,与普通父母迷信自己孩子的不好是孩子自己不好,而与做父母的无关一样。实则有的孩子所以要说谎活,都是因为父母有时要说谎话的缘故。总之,我们将来做了教员,关于这种迷信,一定不可让它再闯进我们的脑海中!

活教育与死教育①

亲爱的教师：

"活教育"这个名字，恐怕你们已经看见过了。我想这个名字一定会在你的脑海中引起许多疑问。什么叫做"活教育"？教育哪有死的活的呢？即使有的话，活教育与死教育有什么分别呢？我们人是活的，教师是活的，儿童也是活的，活的教师去教活的儿童，难道这个不是活的教育吗？这种种问题，究竟要怎样解答呢？

照普通的说法，教育可以分为三种，一种是家庭教育，一种是社会教育，一种是学校教育。家庭教育和社会教育，可以说是非正式的教育，是没有形式的教育。学校教育是一种有形式的教育，是一种正式的教育。平常一谈到教育，就想到学校教育，我们现在且把社会教育、家庭教育暂时不提，先来讨论学校教育，究竟怎样的教育才算是活教育？怎样的教育只配称死教育呢？

活教育与死教育的十大区别

活教育：

（1）一切设施、一切活动以儿童做中心的主体，学校里一切活动差不多都是儿童的活动。

（2）教育的目的在培养做人的态度，养成优良的习惯，发现内在的兴趣，获得求知的方法，训练人生的基本技能。

（3）一切教学，集中在"做"，做中学，做中教，做中求进步。

---

① 本文刊登于《活教育》1941 年一卷二期及《小学教师》三卷一期。

（4）分组学习，共同研讨。

（5）以爱以德来感化儿童。

（6）儿童自订法则来管理自己。

（7）课程是根据儿童的心理和社会的需要来编订的，教材也是根据儿童的心理和社会的需要来选定的，所以课程是有伸缩性，教材是有活动性而可随时更改的。

（8）儿童天真烂漫，活泼可爱，工作时很静很忙，游戏时很起劲很高兴。

（9）师生共同生活，教学相长。

（10）学校是社会的中心，师生集中力量，改造环境，服务社会。

死教育：

（1）一切设施、一切活动，教师（包括校长）是中心是主体。学校里一切活动差不多都是教师的活动。

（2）教育的目的，在灌输许多无意义的零星知识，养成许多无关重要的零星技能。

（3）一切教学，集中在"听"，教师口里讲，儿童用耳听。

（4）个人学习，班级教授。

（5）以威以畏来约束儿童。

（6）教师以个人主见来约束儿童。

（7）固定的课程，呆板的教材，不问儿童能否了解，不管与时令是否适合，只是一节一节地上，一课一课地教。

（8）儿童呆呆板板，暮气沉沉，不好动，不好问，俨然是个小老人。

（9）师生界限分明，隔膜横生。

（10）校墙高筑，学校与社会毫无联系。

活教育与死教育的详细对照

活教育	死教育

一、课程

活教育	死教育
1. 以大自然大社会做主要的教材，以课本做参考资料，这是直接的活知识，是直接的经验。	1. 以课本做主要教材，是间接的死知识，是间接的经验。
2. 各科混合或互相关联。	2. 各科独立而不相联络。
3. 不受时间的限制，没有分节的时间表，时间倒为功课所支配。	3. 功课受时间的限制，一节授一课，不管科目的长短，时间一到，即须停课。
4. 内容丰富。	4. 内容简单。
5. 生气勃勃。	5. 枯燥无味。
6. 儿童自己做。	6. 现成的，由教师代做。
7. 整个的，有目标。	7. 片段的，没有系统。
8. 有意义。	8. 无意义。
9. 儿童了解。	9. 儿童不了解。

二、教学

活教育	死教育
1. 多在户外。	1. 整天在室内。
2. 领导学生自动研讨。	2. 只会照着课本呆讲，学生不懂不问。
3. 启发式，诱导式。	3. 注入式，填鸭式。
4. 自动的。	4. 被动的。
5. 教儿童。	5. 教书。

三、教师

活教育	死教育
1. 笑嘻嘻的，和蔼可亲。	1. 板着脸孔，威严可怕。
2. 声音悦耳。	2. 声音粗糙。
3. 说话有礼，多鼓励。	3. 随便漫骂。
4. 低音清晰。	4. 大声喊叫。
5. 行动轻快。	5. 走路拖地。

6. 立得笔正，坐得挺直。	6. 立起倾斜，坐下驼背。
7. 衣履整洁，面目清楚。	7. 衣冠不整，头发蓬松。
8. 态度从容。	8. 脾气暴躁。
9. 精神饱满。	9. 没精打采。
10. 创造能力。	10. 模仿。
11. 健身。	11. 多病。
12. 快乐、乐观。	12. 忧愁悲观。
13. 研究精神。	13. 苟且因循。
14. 乐业。	14. 思迁。
15. 互助合作。	15. 孤独利己。
16. 慈爱。	16. 冷酷。
17. 负责。	17. 敷衍。
18. 教学有技能。	18. 教学呆板。
19. 了解儿童心理。	19. 不明了儿童心理。

四、儿童

1. 活泼天真，独出心裁。	1. 呆板，不活动的，死读书。
2. 自己找材料。	2. 模仿。
3. 兴趣浓厚。	3. 做事读书毫无兴趣。
4. 身体健康。	4. 身体软弱。
5. 好问好奇。	5. 唯唯诺诺。
6. 知道求知的方法而活用知识。	6. 学了许多死的书本知识而不会应用。

五、行政

1. 学生自己管理。	1. 学生由教师管理。
2. 考核成绩在活动。	2. 考核成绩在纸片。
3. 教学目的，在培养做人优良习惯和服务合作的精神。	3. 教学目的在灌输知识，养成技能。

4. 尊重儿童的人格，训导的方
  式是友谊的。

4. 训导的方式，是防贼式的。

5. 师生共同生活。

5. 师生界限分得很严。

6. 教师直接参加各种活动。

6. 对于各种活动，教师站在指
  挥的地位。

7. 有组织有力量。

7. 学生是一盘散沙，毫无组织的。

8. 学校与学生站在同一战线上，
  向学业上进攻。

8. 学校怕学生有组织，而与学
  校对抗。

六、设备

1. 课桌椅分开，可以移动。

1. 课桌椅是两根相连死钉在地
  板上的。

2. 座位（讨论式的）一组一组
  排列着。

2. 座位（听讲式的）一排一排
  向着教师排列。

3. 图书教具很丰富。

3. 图书教具很简陋。

4. 学校的环境整齐美丽。

4. 学校的环境杂乱肮脏。

5. 校内的布置是学生做的。

5. 校内的布置是教师做的。

6. 布置的材料，利用自然物和
  儿童的成绩。

6. 布置的材料是花钱买来的。

上面所举的对照情形，仍旧是很简单的，若要明了详细的区别，只有待来日有暇的时候，再与各位详细地讨论。各位若有好的意见，务请随时见告，若能加以研讨而惠我结果，供诸同好，尤所欢迎。

一个理想的小学校①

　　今天要讨论的是一个理想的小学校。我们知道学校可分成学生、教师、教材、教法四部分。教材和教法合成为课程，课程与教师合成为行政组织。有了组织，有了学生，便成学校。怎样成为一个好的学校呢？我们可以一桩一桩来讨论。

一、教师

　　我们先从教师方面说起，怎样可成一个好的教师？个人以为有几个要素，好的教师一定要有的。

　　（一）有慈母的性情。教师的学问尽管怎样的好，教授无论怎样认真，而他的态度不好，儿童收得的效果，总是很少。因为活泼的儿童，见了很可怕的老师，不会发生好感，学习也不会发生兴趣。所以教师一定要有慈母的态度，热烈的心肠，对待学生如儿女一样，那么教师与学生、儿童间自然会产生感情。而儿童对于教师，自有一种信仰心，在教学训练中，一些问题容易解决。然而有一部分人，仍没有注意到这一点。我们常常可以看到，教师的一副极严厉的面孔，只要走进学校就可以看得出气氛不好。兄弟办的学校里的学生，大都是工人子弟，是很顽皮的。而我待他们很和气，他们见我也很有礼貌，从来没有露出过顽皮的样子，这就是以感情去感化他们的结果。

————————

　　①　本文是陈鹤琴 1928 年在无锡中学实验小学的一次演讲，由储子润记，刊登于《儿童教育》第一卷第七期。

（二）怀疑的态度。教育是随社会而变迁的，是因时令而转移的，是时时刻刻在那里变化的。所以以前的教材教法，因时代的关系而脱离需要。然而有些任事多年的教员，五六年来已成习惯，成见已深，墨守成法毫不知改进，这是何等危险！凡我教员们，一定要有怀疑的态度，研究的精神，以谋教材教法的改进，然后教育才有进步的希望。然而所谓怀疑态度，不是片面的，否定一切的态度。往往有种人，他对于人家的主张，总是怀疑，不愿效法。这种人主观成见太深，守旧观念太盛，那也是同样不行的。我们一方面要有怀疑的态度，一方面要有研究的精神，用科学的头脑去研究分析，去求得客观的标准，以谋教育的改进。

（三）改造环境的精神。在现在经费竭蹶的中国教育界里，尤其是在设备不完全的小学校里，改造环境的精神，是优良的小学教师一定要有的。我们要利用日常的用具，来改造成为教具。如新年里在街上常见的儿童玩的转糖盘，我们可利用它，把它改造一下，作成一个练习识字的教具，儿童是很喜欢玩的。教具的式样是圆形的，圆面上中间一圈分格，每格写上数字，外面一圈每格写上"老虎"、"狗"、"牛"等字，中置一针可以旋转，儿童可用转糖一样的方法，来比赛识字的多少和胜负。又如麻雀牌，因为含有许多机遇在里面，手摸牌光滑，打起来又有声响，不要说儿童，成人也很喜欢玩，我们也可把它变成识字的教具，在牌上按偏旁部首刻上红绿等不同颜色的、很美丽的各种字，就可以做凑对子、缀句等种种识字游戏（详情请看《儿童教育》第五期）。我们能有这种精神，善于将日常用具改造成极好的教具，变化多端层出不穷，教育才能日新月异呢！

（四）要亲身去做。小学教师要有农夫的身手，要亲自去做。假使不是如此，不能以身作则，示范儿童，感化儿童，也很难收教学上的成效的。培根说，人类有许多谬解；我敢说，教师也有许多成见。往往教师只责怪儿童的不是，而不求自己的反省。如某儿童入学时，是很活泼、守规则的学生。两周以后，却变成顽皮的孩子。原因是儿童能力强，学习太容易，教师指导不得法，又不自省反责，反归罪于儿童，岂非冤枉呢？这都是教师没有亲身去参与，没有尽量地指导，而站在旁观的地位所发生的一种缺点和谬解。这一点也值得我们注意的。

我们小学教师，有了这种精神，慈母的性情，怀疑的态度，改造环境的精神，要亲身去做，还不是一个很好的教师么？我希望大家努力。

二、教室

我在上海，时常到上海的日本、美国学校去参观，同时也到许多中国学校去参观，我觉得，中国学校的教室与外国学校的教室截然不同。中国学校的教室，有的充满着恐怖的气氛，儿童对教室视为可怕的牢狱。有的则太放纵，儿童入教室后，仍旧人声嘈杂，紊乱不堪，教师要花许多时间去维持秩序，方能渐渐地安静下来。外国学校则不然，平时儿童在操场上时，很活泼地运动，而一进教室就安静下来，秩序井然。楼上楼下三层都是教室，没有一点嘈杂的声音。这是我们所不及的地方，不过他们举手太起劲，也有的秩序不甚好。那么要教室里秩序好，教师进教室要注意哪几件事呢？

（一）教室的环境好不好。教室内窗的开关，门户的出入，座位的排列，以及教室内一切的布置，都应当注意。使得儿童有适当的姿势，和一种愉快的空气。然后再上课，秩序自然会好，进行教学便容易了。

（二）儿童的动作应当注意。教室里儿童的种种动作，教师当十二分留意。有价值的，我们应当鼓励发表，给儿童一个圆满的结果。无价值的动作，我们当因势利导以免发生紊乱。而尤其是教室的常规，应当使儿童个个遵守，养成一种很好的习惯和很好的学习态度。

三、教法

小学教师，应当注意教法。个人所想到的有下列几点：

（一）要以儿童心理做根据。我们的学习，不外用耳、用目、用手三种。用哪一种最好呢？心理学的研究表明，用耳不及用目。今天诸君听我演讲，如没有同时将各种教具带来给诸君看，诸君仍是不十分清楚，这是用耳听不及用眼看的证据。儿童看见一件新的东西，一定要用手去摸，或是亲手去做，如此得到的经验，能够格外的长久保持。所以用眼看要比用耳听好，用手做比用眼看更好。故我们的教学，要多用手做，多用眼看，而少用耳听，这是一点。

（二）要用整个的大单元的教学。现在的小学往往把儿童学习的功课分得很细，什么音乐、写字、工艺、形艺、读法、作文、史地、自然、算术、体育等等。而各科间又不谋联络。请问儿童的生活里，他分什么社会、自然、音乐、工艺呢？他不是一个整个的生活，能求解决整个生活里的问题么？所以我们应当用整个的教学法去进行教学，力谋各科间的联络，举行大单元的中心设计。比如用俄国的《拔萝卜》故事做教材（故事从略）。1. 可以发给儿童做读法用；2. 可以让儿童练习讲故事；3. 可以研究白萝卜、小老鼠、小花猫，作为自然教材；4. 可以画故事里的内容，作为形艺；5. 可以剪贴做工艺；6. 可以编小老太婆、小姑娘、小花猫、拔萝卜唱的歌给儿童唱。如此不比现在四分五裂的大学式的教学法要好得多吗？我们不要用大学式的教法去教儿童才好。

（三）要多利用游戏比赛。儿童最欢喜的是比赛和游戏，在教学上我们应该利用，或者人与人比赛，或者个人前后比较，如此儿童的学习兴趣可以格外增加。不过施行时要注意比赛的结果，要鼓励他们兴趣，否则儿童的兴趣也要减少的。

（四）练习。要使儿童熟练功课，要顾到练习的原则，如写字课时，往往看见教师只顾自己看书，好像儿童写字与教师毫无关系，教师对儿童写字的姿势，执笔的手势，写字的笔顺、间架、用墨的深淡等不加指导，儿童从何而改进呢？如此尽管怎样多练习，而收效仍是很小，所以练习一定要有指示和辅导，教师要在桌间巡视，进行个别的指导，这是教师应负的责任。

四、教材

照最近欧美教育的新趋势，教材应当特别注意的地方有两点：

（一）儿童的康健。以前的教育，注意在读、写、算的学习，现在除此之外，尤其注意儿童的康健。因为儿童的学习与儿童的康健、身心的发育有密切的关系。儿童身心上发生了缺陷，学习便大受影响。所谓健全的精神，寓于康健的身体，是一点不错的。所以学校里一定要特别注意卫生教育、卫生设施及卫生的训练。

（二）儿童的公民训练。要培养儿童在社会上做一个健全的公民，现今社会个人主义太盛，只重个人发展，只顾个人的安乐、幸福，而对他人的安宁、利害不恤、不顾。这样的弱肉强食，争夺抢杀还成什么世界？所以一定要注意公民的训练，培养对于人类的同情心，注意儿童的自治能力，组织团体生活，使他们成为一个社会健全的分子。

五、学级的组织

最近美国小学教育的新趋势，主张将小学与幼稚园联在一起，就是小学要幼稚园化。以前的小学教育与幼稚教育像是隔了鸿沟一样，现在看来不妥。要把小学一年级与幼稚园沟通，并且希望二年级与幼稚园也要打通。教室的组织可如下图：

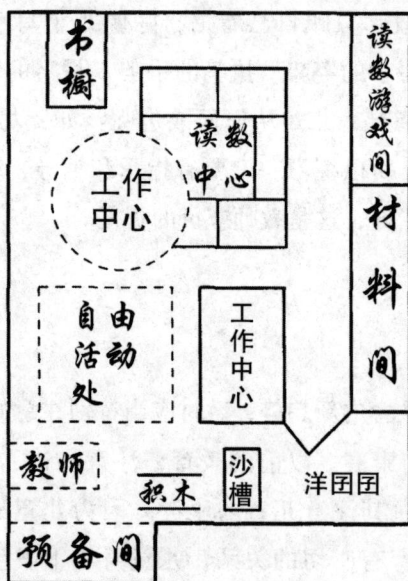

六、附言

教师是学校中很重要的分子，学校成绩好不好，完全在于教师的优良与否，古人说"为政在人"，办学校也是如此。小学教育是国民的教育，是造就人才的开端，是发扬文化的始基，所以比中学、大学教育更加重要。国家的发展，青年的前途，全在小学教育的改进，我们做小学教师的责任是何等重大！愿大家努力！

参观德可乐利学校报告[①]

"德可乐利"学校（Ecole Decroly）在比国占有很大的势力，在欧美各国也有相当的地位。他的教学原理以及教学方法都是根据儿童心理的。创办人德可乐利博士（Dr. O. Decroly）终身从事教育。最初他是一个医生，专力研究变态儿童的心理；因此创办低能儿学校，试用各种新的方法，去教导低能的儿童。几年之后，这所学校办得很有成效。他就把教导低能儿童的方法，进而研究普通儿童心理，创办了一所普通学校，就是现在的"德可乐利"学校。他把研究儿童心理的结果实施在他的新教学法中，到现在已经引起社会上一般的同情与赞许了。

去年冬季本人因欧游之便，与马君客谈曾同往参观，觉得这所学校很值得介绍一下。

根据引导参观的一位教师的报告，这个学校是德可乐利在1907年一手创办的。现有学生223人，每班15人，年龄从4岁到17岁，由小学到中学。

一、上课的时间

上午8点半到11点45分，下午2点到4点止。12点午饭，饭后除天雨外学生都在户外休息；他们认为饭后休息与儿童身心的发展，有密切的关系。

---

① 本文原载《儿童教育》1936年3月第七卷第三期。

二、班级的编制

幼稚园一年或二年，小学分低级、中级、高级共六年。中学分初级、高级共六年。

三、教学的方针

他们的主义是："从生活，为生活。"（par la vie，pour la vie）这句话的意思，就是将儿童放在适当的环境里去发展他的生活，儿童必须从直接经验中，去学习，去求知识，去求技能，去做人。

要达到这种目的，儿童必须要有空气和日光，要有空地可以活动，要有充分的设备，可以自动。根据上面的教育原理，德可乐利在实施教学方面，规定了三个步骤：

第一个步骤是"直接观察"——技能必须在生活中获得的，知识亦不是单单从书本中可以求得的；所以要有充分的设备，布置适当的环境，使儿童可以自己利用感官筋肉，去发展他的知识技能。

第二个步骤是"间接联想"——直接观察虽然可以得到很多很准确的结果，但有许多事实或知识，不能由直接观察中得到的。例如比利时的儿童可以得到比利时国内的实在情形，要知道中国儿童的情形，那非要借重图书不可，如把中国的故事、新闻、图画、杂志，等等，都搜集起来给儿童研究讨论。这就是说，儿童不能直接同那事物相接触，而在可能范围内把事物搬到教室里边来，让儿童根据他已往的经验，去了解他当前所要研究的问题。

比如我们要研究牛的形状、牛奶的供给，儿童可以到奶牛棚或者牧场去直接观察。但是他只能明了他们自己国内的牛，而其他各国的牛，就无从直接观察，除了看图画书籍之外，决不会明了的。然而他对于研究牛的知识经验，已经很丰富了，同时再从图画或书籍中去研究其他各国的牛，自然容易了解，容易认识了。所以这种步骤，德可乐利名之为"联想"。大概这种方法运用在地理、历史等课程的里面居多。

第三个步骤是"自己发表"。有了直接的观察，加之以间接的联想，倘若不去实地应用，儿童所得的知识和经验，还是不准确，还是不完备。所以儿童必需要有发表的机会。把观察和联想的结果，充分的使他自由发表出来。这大概可分做两种活动：

一种是属于手工的，如泥工、木工、剪贴、画图，等等。

一种是属于言语的，如讨论、表演、写字、作文，等等。

发表的目的，一方面可以使儿童把从前所已得的经验整理一下。一方面可以使儿童对于所经验的，所联想的，格外来得深切。

四、学校的课程

学校的课程概分做四个中心（此地的所谓中心是以儿童中心为出发点的）：（一）营养食物；（二）抵御寒暑；（三）自卫御敌；（四）工作。

除了二年级的学生采用小单元外，从小学三年级到初中三年级，全校一律实施大单元。惟高中学生因为要适应国家的会考，不得不放弃这种中心课程的教学，而采用普通课程。

上面所说的四个中心课程是每年先集中活动，实施一个中心，然后依次轮流，实施下去。去年我们去参观的时候，他们正在实施第四个"工作"中心课程。

"工作"的范围，当然很大。有从事对人类的研究工作，有从事对动物的研究工作。在学生中，从事着各种工作。在研究工作中心的时候，他们注意到两点：

一点是儿童及其各种必需品；一点是儿童及其各种环境，如家庭、学校、社会、动植物界等。

参观的时候，我们看见儿童正在分组做各种活动。有的喂鸡鸭，有的在菜园里做工作，有的在奶牛棚里喂牛、挤牛奶，有的在运动场做游戏。据说教师们时常带儿童到外边去参观或实地考察。每个儿童有一本考察记录簿。在记录簿中有他自己做的文章，有图画等等。他们没有教科书，只有参考书。关于国语科的材料，由儿童自己编印。他们有一所小小的印刷所，可以自己学习印刷。

在低年级的教室里，只看见儿童三五成群，或者个别的在那里静静的工作。有的做泥工、做木工，有的画图，有的做算术，有的在印刷房里印书。教师不过在旁边担任指导而已。不像普通学校里的教师，那是一个主要人物，没有他，课务就只好停顿了。但是在那里，他们的教室好像是一个实验室，工作室。主动完全在儿童们自己，而不是在教师。

他们的教具，也很特别，而且每一个教室里面都有一个材料收集处。平日儿童或教师所见的，所发现的，而当时中心单元里所用不着的，都存放在那里，预备将来应用。大概这种材料以图画为多。

在低年级里我看见有几种教具，是儿童自己做的。有一架天平，盘是纸做的，重量是拿松子来做的。还有一个钟摆也觉得很有意思，钟摆的重量是用很大的一个松子。教师用了这种方法去说明度量衡的真意。

本人对于参观这个学校之后，有几种感想：

第一，真正的"新教育"在这个学校里可以看得出来。这个学校并不需要用分数或奖品去奖励儿童，也不要用惩戒去束缚他们的自由，都依照儿童自己的兴趣，很守秩序、很忙碌的在那里工作。

第二，这种学校能够培养儿童自治的能力。那一天我们参观到陪我们参观的那位教师的一级，我们见学生都静静地在那里工作，不吵也不闹，秩序非常之好。这可以证明他们平时独立惯了，自动惯了，无须教师的督察。

第三，在这里还可以充分看见他们互助的精神。那天上午放学的时候，有许多幼稚生正在搬帆布床，一张一张地搬到空地上去。那位教师告诉我们说：这是幼稚生预备帆布床为同学们午后休息的。此地各班的儿童，并不限于为一班服务，他们对全校同学，都有互助的义务，这样才可以养成他们互助的真精神。

最后，本人很佩服德可乐利博士办学的精神。他一生从事教育，为儿童造福。这种精神，这种伟大的人格，实在是值得我们钦佩的。

欧洲各国小学教育新趋势①

诸位先生：兄弟这次出国，游历的国家有 11 国之多，而时间只有 7 个月，并且在英国住了将近 3 个月，所以其余的各国有的住一个星期，有的住三四天，可以说是走马看花，不容易观察到详细的情形。不过在未到各国之前，由英国新教育学会与各国教育行政机关接洽妥当，到了目的地立即可以参观，不致浪费时间，各国的情况多少还能看到一点。这次的路程，先到英国，再到法国、比利时、荷兰、德国、丹麦，再回到德国，到苏联的莫斯科，再到波兰、奥国、意大利，回到瑞士。今天把 7 个月观察所得的感想，概括的报告一下。

第一点：欧洲各国的学校很注意健康教育，也可以说对体育很重视。先说英国，素来注重体育，学校的操场、球场无不广宽，设备齐全。他们认为教育是在操场上进行的，在体育、游戏中可以培养人格，养成合作、牺牲、公正等好的品德。比如打球有相当的礼节，仿佛中国人打拳一般，开始时先拱拱手，比赛后也很有礼节，打败的一方向胜者道贺，承认胜者打得好，从小就培养这种精神将来到社会上服务，有问题尽管辩论，败了没有什么关系。不过他们国内有些人认为体育、游戏的时间太长。在 1928 年前，英国体育注重徒手体操，他们觉得太呆板乏味，自 1928 年教育部规定新课程标准后，把游戏与徒手操合并，做一二节徒手操之后就做游戏，这样使儿童很快乐，很高兴。再说德国与意大利，他们对于健康也是特

---

① 本文是陈鹤琴 1935 年 4 月和 11 月在上海市教育局学术演讲会和宝山县教育局小学教师演讲会所作的两次演讲的综合。原文分别由汪公遐、孙育才记，发表在 1935 年 4 月《晨报》和 11 月《新闻报》上。

别注意，不过方法不同，其目的在施行军国民教育。从小学生开始，注重军事体操。在意大利看不见徒手操，所看到的都是军事体操，学生一律穿制服。在德国除了军事教育，体操也很注重。他们有五个学校是中学程度，除了打靶及健身房各种运动之外，还有骑马。在英国实验新教育的学校虽也有骑马一课，不过当做一种运动，德国则不然，它作为一种操练，由教官专门教授。此外，德国有一种规定是很好的，就是星期六全天不上课，由教师带领学生到郊外去游玩或到工厂里去参观，改变儿童的环境，免得天天上课，与社会没有接触，不发生关系。在汉堡有一艘 5 000 吨的大船，这艘船专门供本市及外埠学生来玩住的。本市的学生可住一天，外埠的学生可住两天，可以享受船上的生活。德国还有一种户外学校，设在海边或山上，到了暑假或寒假，学生一批一批的到那里去住，一面研究功课，一面玩各种游戏。我参观过一个男子学校，两个女子学校，学生们除了研究功课之外，或者溜冰，或者玩雪，很注重学生健康。这种户外学校有专人主持，可以指导儿童游戏，确实不错。波兰虽然独立不久，也设立了二十几所这种学校。苏联也办了不少这种学校。由于重视了健康教育，所以他们的儿童一般都是很强壮的。我们的民族要复兴，国家要富强，第一惟有先把国民的身体强壮起来，身体是重要的基础，身体如不好，知识道德都不容易建筑，这点我们应该特别注意。

第二点：各国的教育注重"做"字，注意培养儿童动手的能力和创造的精神。各国对于劳作一课比我国重视得多，不但注重而且实地的去做。英国儿童 7 岁至 11 岁入前期小学，前期小学毕业后分四条路：第一条路是成绩最好的考进中学，其中有 20% 可以免费；成绩次一等的进工艺学校；再次的进中心学校；最次的进后期小学，到 14 岁为止。工艺学校与中心学校特别注重劳作，后期小学略微差一点。劳作课男子学木工、金工，女子学烹饪、缝纫、洗衣，另外还有共同的美术、装订书等等课目。学校都设有木工厂、金工厂等工厂，设备很好，我去参观时，女生穿白衣白帽，男生穿套衣在工作，他们的劳作功课都是半天。

　　苏联更有一种特别的组织，为任何国家所不及。他们有两大机关，一个是儿童科学研究所，一个是儿童美术研究所。儿童科学研究所全国有 700 多所，我曾经参观过 3 个所，所内分 11 部：有电话，无线电，汽车，飞机，应用化学，摄影，机械等。每部都有实验室。汽车部已做成了两辆汽车，一辆只能坐一个人，另一辆稍微大一点。据他们告诉我，一个月前这两辆汽车在莫斯科大街上作 60 公里比赛，观众人山人海。这两辆汽车都是 11 岁至 17 岁的儿童造的。无线电部有两个实验室，每个儿童有一张桌子有短波无线电，可以向外打。凡是对电学有相当知识技能的儿童都可以享用这张桌子。苏联所以设立儿童科学研究所是要鼓励儿童发明创造。对苏联教育鼓励儿童研究，鼓励儿童创造，实在令人佩服。在莫斯科街上有一盏红绿灯，构造虽然简单，而是儿童所发明的。莫斯科现在已开始建筑地道电车，还没有落成，可是儿童科学研究所里，地道电车模型已经造好了。研究所内一切研究的材料从哪里来的呢？都是各工厂剩下的材料送给研究所，鼓励儿童从事研究，搞发明创造。研究所内还有一位美国电气技师，帮助指导儿童。中心研究所有一位主任，管理其他一切。这位主任说八年前研究所初创时只有几个卢布的经费，可是他相信这项工作十分重要，他虽不是工程师，却很热心和儿童一起研究，结果引起政府重视，每年拨给他 50 万卢布经费，由他主持研究所工作。儿童美术研究所也有许多部分。如图画、雕刻、舞蹈、音乐等等。不但奏乐，而且制造乐器，我看到儿童自己做了几个小提琴。他们的教师资格很好，有一位教师从事制造提琴已有 28 年，现在专门教儿童做提琴。美术研究所里面还有儿童戏院。苏联的戏院有 65 家，专门为儿童设的儿童戏院的演员由专门学校培养。苏联提倡对各种事物都要研究，研究所的儿童戏院一面鼓励儿童演戏，一面教儿童研究戏剧，假定这一出戏分成 50 段，每段表演时要收集儿童的反应，或者拍掌，或者笑，或者不笑不响，都详细记载下来。不但记载儿童的反应，而且要儿童作正面的批评，另外，还要面询。倘若某段不好，就重新修改；再叫儿童批评，然后才到外面去表演。关于舞蹈，有一位女教师领导，她精力充沛，时间抓得紧，儿童也很活泼。

第三点：各国的教育都很普及。整个儿童由国家教育培养。所谓整个儿童不仅是有钱或天才的儿童，无论贫苦的、聋的、哑的、残废的儿童都由国家培养。聋哑的有聋哑学校，残废的有残废学校，低能的有低能儿学校，另外还有普通的学校。这样一来整个儿童能分别享受教育。

苏联天时，地利，人和远不及中国。天时，有 6 个月以上在冰天雪地之中；地利，矿产虽有，但不及中国之富有；人和，苏有 150 个民族，其中只有 30 个民族有文字，其他的民族都没有文字，俄文不统一，除了俄罗斯本部之外，别的民族学俄文等于学外国语。苏联革命后第一件事就是扫除文盲。当时教育部设有一科专管扫盲。经过 13 年全国上下动员一致努力，教育已经普及了。他们实行强迫教育，每个人都要读书。我曾去鞑靼共和国参观。原来他们用的是鞑靼文字，现在改用拉丁文拼音，四个月可以认识文字。受教育的年限：第一期，城市 7 年，乡村 4 年，第二期，城市 10 年，乡村 7 年。学校不够则采用波兰的办法，搞半日制、二部制、双轨制并举。苏联有 62 个民族用拉丁文拼音。吾国普及教育正是当今急务，这些很可供我国参考。当然中国并不是没有文字的，汉字已有数千年的历史，取消汉字确是一个大问题。我们并不要取消汉字，只要求汉字简单化。英国儿童读英文，读到 10 岁可以看书看报纸，10 岁以后是文学上的研究；中国儿童读书读到 10 岁恐怕还不能看报，至少要到 12 岁。总之，汉字比英文、法文都要难，汉字固然要保存，不过文字是一种工具，要使普通儿童和人民普遍受到教育，不要为文字所障碍，要想达到这一目的，第一，要简化，采用手头字、简体字；第二，名词简单化，如"明白"、"明了"、"了解"三个词词义相近，只要选择一个容易明白的就够了。我们要想普及教育非把文字简化不可。

波兰在 150 年前被德、俄、奥瓜分之后，有一部分地方因为不准读波兰文，说波兰话，到 1918 年和约订立后，对于普及教育就很困难，他们用两种方法实行强迫教育。一种方法是把小的学校合并起来，把全国各地方划成学校网，没有学校的地方添设规模大的学校；一种方法是实行半日制，上午 8 时至 12 时教一班学生，下午 1 时至 5 时再教另一班学生，这样，学生数目就可以加倍。这种办法很值得我国参考。

第四点：教师的教法好，有专业研究的精神。如英国的师资，选择慎重，如欲当小学教师则先须在中学毕业，然后再受二年师范的专业训练，实习一年，成绩好才得正式毕业；还要视学批评好，校长报告好，方可充正式教员。中学教师先须在大学毕业得到学位，再受一年专业训练方可任教师。教师的教法好，师生感情亦好，真是亲爱精诚。参观时看到他们教学生唱歌，跳土风舞，很有意思，甚至有的学校在学习我国的漆器、陶器、窑器，这种好学精神值得我们学习。陶行知先生的话很对，我们的教育亦要用手把中国固有的好的文化、好的艺术保存之，发扬光大之，这才是我们的责任。中国原来的陶、漆、窑器等工业很好，我们都应当学，我们要建设中国自己的文化。

这次考察欧洲 11 国教育，最重要的感想有四：（一）各国注意健康教育，注重体育；（二）各国教育注重"做"字，注意培养动手能力和创造精神；（三）各国的教育普及；（四）教师教法好，有专业研究精神。诸位都是教育界同仁，大家快团结合作，一致努力新教育运动，使上海的教育兴盛起来，全中国教育普及起来。

第三章

小学教学原则

几条重要的教学原则①

教小学生是一件最烦难的事，如果我们能依照教学原则去做，无论如何，所收的效果，一定要大些。教学原则在初等教育方面，最重要的大概有下列几条：

（一）寓学于做：换一句话说，就是要在工作的时候，实地的学习。俗话说得好："岸上学游水，到老学不会。"所以无论什么事，空讲也是没有用的，必须要实地去做。学生在做的时候去学习，教师在做的时候认真去指导，然后学生得到的知识技能，才能正确无误，教师指导的时候，才不致空言无补了。

（二）动机的引起：无论学习什么事，一定逃不了以下的几种过程，就是：（1）动机；（2）环境；（3）自习；（4）辅助。

学习开始，必须有内发的倾向，叫他必得要去做这种倾向，就叫做动机。譬如说到重阳节，大家就有登高和听重阳节故事的动机；讲到孔子圣诞，就有讲孔子的历史和孔子的家乡——山东的动机；说到山东，就有研究济南惨案的动机。动机可说是一切活动的原动力。上面所说的寓学于做，就是说要在相当的环境中间自习，教师在旁辅助指导。但是有了相当的环境，而学习人的本身，没有学习的动机，那就无从去自习，教师更无从去辅助。那就是俗语说的"捉老鸦到树上去做窝永不得成功的"。所以凡百学习动机自不可少。做教师的就要利用学生的动机，引导他们去学习，再从旁指导。更要设法掌握学生的动机，叫他们自愿去活动。因甲种活动又引起乙种活动的动机，因乙种活动又引起丙种活动的动机，如此周

---

① 本文原载《儿童教育》1928 年第一卷第五期。

流不息，学生的学习，才得成活泼自动的气象，收准确而又宏大的效果。不过有一点要注意到的，就是学生自发的动机，有时或许无甚价值，或者反而于学习有妨碍的。教师应该要注意到的，在引起动机的时候，无形之中要暗示他们动机的方向，使他们自然而然地倾向到那一方面去做。哪一种活动，能够利用学生的动机，掌握学生的动机，并且支配学生的动机。这就是好教师的第一个标准。

（三）用眼的学习比用耳的学习准确。这一点成人也是一样。俗话说："耳听是虚，眼见是实。"所以我们除了音乐和专门用耳的课程外，应当注重视觉的教育。美国教育界用影片的教育，风行一时，效果亦非常之大。中国现在要照美国的办法，当然是做不到的。不过实物的观察和实地的试验，总要充分地利用才是。

（四）能教学生相互的指导，收效更大。教师有时候可以叫学生去教学生。这种方法，尤其是训育方面用得适宜，所收效果有时或许比教师教授的来得大，因为从学生看，能够去指导人是非常之荣誉的。教师叫他去做的时候，他一定奉命惟谨。例如清洁检查和大扫除等，我们教级长去服务，率领同学大家去做。做级长的，一方面要去指导人，自己一定先要学好，做人家的表率，那就必得要用功了。另一方面学生看见同学能够指导我们，就有一种羡慕的心理，无形之中就会使大家努力仿效起来。用这种方法，教师要注意到几点：

（1）教师去叫学生的时候，先把指导的人和问题，考量一下，是否能去指导，是否需要叫学生去指导。

（2）学生在服务的时候，教师要留心观察，随时辅助，遇有差误，用极和蔼的态度，在适当的机会去校正他。

（3）学生能够去服务的，应当普遍轮流的互相指导，切勿侧重在一两个人。

（五）开始的学习，要特别留意，特别慎重。有一句格言"开首做得好，一半做好了"。这句话实在是不错，尤其是儿童是先入为主。如习惯的养成，技能的练习，开首好，就得好；开首不好，将来除了重新练习外，还要加上一倍校正的工夫。这岂不是不但无益，而反有害么？

（六）练习的时候要充分的注意，有正确的指导。这一条原则，可说同上一条互相关连的。因为开首学习要好，免得发生一种不好的影响，所以当练习的时候，务必要使学生十分注意，聚精会神地做，一方面教师要处处留心观察，随时校正，随时指导，方始可以收到正确的效果。我时常看到许多教师，当学生习字的时候，他就端坐在旁看书，这是实在不对的。学生练习写字的时候，举凡笔顺、起笔、落笔、间架、用墨、用纸，都要教师当心去指导校正才是。如果教师不去看他，学生随意乱涂，结果教师把习字上面加上几个圈，就算了事。这样的练习，有什么意思呢？

（七）分类的比较，最能得到正确观念。我们教授学生，是要他们从不知道，进而至于知道。要他们知道，就要利用他们已经知道的东西来联络比较。譬如把动物狼教儿童，我们就要先把儿童已经看过的狗来比较说，狼的身体像狗，它的脚高些。又如说老虎的样子像猫，但是它的身体和牛一般大。狼和老虎，我们不易看到，狗和牛是儿童所常常看到的。这种分类的比较，利用儿童原有的经验，对新事物发生许多观念，对于新事物就容易记忆，可以得到正确的观念了。

（八）比赛和游戏，都是适合儿童的心理和性情的，教授上用得得法，效力是最大的。因为儿童好胜，所以我们用比赛的方法去鼓励他们；因为儿童喜欢游戏，所以我们用游戏的方式去教他们学习各种功课。但是学习比赛，务必要使胜者勿骄惰，败者勿灰心。至于游戏一层，尤须于组织教材教法环境时间，各方面特别注意，方可收得良好的效果。

上面的几条，都是教学方面的原则。

数学观念怎样发展的[①]

算学不是容易教的，恐怕在小学课程中，算学或者要算最难教的一种功课了。听说某校有一位低年级教师教起算学来，常常教儿童拍皮球，数数目，以为这是很好的算学游戏了。"拍皮球"确是一种很好的算学游戏，但是对于那些已经能数数目的学生，这种游戏就不相宜了。低年级的儿童，对于数数目一层，大约是已会的了。"拍皮球"这种游戏，只可偶一为之，以考查儿童数数的能力，不可常常玩弄以空费儿童宝贵的光阴。那个某校教师之所以常常教儿童拍皮球者，恐怕不懂儿童的数目观念是怎样发展的缘故。兹特约略述之如下，以作教算学者之参改：

（一）数目观念渺茫：1 岁以内的小孩子，对于数目是非常渺茫的。

（二）1 与多数之别：到了 2 岁左右儿童的数目观念，渐渐地明晰起来了，此时小孩子大概知道"1"与多数之别了。

（三）口述数目：小孩子到 2 岁半左右，大概能说 1、2、3、4、5、6、7、8、9、10 等等数目，但是这些数目，他只能随口背述，若是叫他数实物，那是不会的。

（四）数物：过了几时，他慢慢能数实物了，开始的时候，他也只能数十以内的数目。百以内的数目，恐非 6 足岁的小孩子所能数的。在此时做"拍皮球"、"数人数"等游戏，都很适宜。

（五）认物：到了后来，看见两物或三物在一起，他就能立刻说出"2"、"3"来，不必再指物一一的数了。在此时，我们可以用

---

① 本文曾发表于《儿童教育》1928 年第一卷第七期。

图画或圈点来教他，例如 4 只鸭子，5 只兔子画在卡片上，教他一看，就说出鸭、兔的数目来。

有一点我们要注意的，就是图画要画得整齐，容易使人一看而知，不然，小孩子非把图中的东西一个个数出来不可。例如甲、乙两图，甲图虽然呆板，但是为练习"一看而知"的数目观念起见，比乙图好得多；乙图虽然画得自然，但是合乎"数物"的那一个时候用的。

甲图

乙图

（六）识数：再进一步，小孩子要识数了，就是 1、2、3、4、5 等等数目字来代表实物了，儿童须先有了实物的经验，才能了解数目字的意思，所以未教数目字以前，应给小孩子以充分的实物经验。

（七）学习四则：加减乘除，四种算法都有一定难易的步骤。小孩子知道了第一步，未必能知道第二步，但是小孩子已经学会了第二步，我们就不要再教第一步，或者不要总是教他第二步，四则的难易步骤是很复杂的。现在举例如下：

加法：（一）$\dfrac{\begin{array}{r}4\\[-2pt]+\ 3\end{array}}{}$　　（二）$\dfrac{\begin{array}{r}4\\[-2pt]+\ 8\end{array}}{}$　　（三）$\dfrac{\begin{array}{r}14\\[-2pt]+\ 8\end{array}}{}$

减法：（一）$\dfrac{\begin{array}{r}4\\[-2pt]-\ 3\end{array}}{}$　　（二）$\dfrac{\begin{array}{r}14\\[-2pt]-\ 3\end{array}}{}$　　（三）$\dfrac{\begin{array}{r}12\\[-2pt]-\ 3\end{array}}{}$

乘法：（一） $\begin{array}{r} 2 \\ \times\ 4 \\ \hline \end{array}$ （二） $\begin{array}{r} 3 \\ \times\ 4 \\ \hline \end{array}$ （三） $\begin{array}{r} 13 \\ \times\ 4 \\ \hline \end{array}$

除法：（一）4÷2 （二）42÷2 （三）52÷2

对于教四则，有二点要特别注意：

第一点，就是不要让小孩子再回到"数物"那个步骤。例如4+3，小孩子就用手指一个一个加起来，开始加法的时候，恐怕个个小孩子都是这样的，但是一等到明了加法的意义，我们就应教他4+3是7，不是要一个个数到7个的。第二点要注意的，就是要教小孩子把四则算法弄得很熟。比如一见4+3就能立刻说出7，一见8×7就能立刻说出56。教师教到那种机械式反应的时候，才可放手；不然四则算法的基础，就不能算打好了。

总之，数学观念是慢慢发展的，我们做教师的不必强其速进，不过儿童已到了第三步，我们不要让他回到第二步，或尽管让他留在第三步，以养成他的懒惰习惯而荒废他的宝贵光阴。

为什么小孩子不喜欢算学①

算学本来是很好玩的，但是喜欢玩算学的小孩子却很少。

算学究竟怎样好玩呢？看下面的一个例子，就可以明白了。

有一个军官，带领 32 个兵士看守炮台。每一面有 9 个兵士如图：敌人看了，不敢进攻。

```
┌─────────┐
│ 1  7  1 │
│ 7     7 │
│ 1  7  1 │
└─────────┘
```

过了几天，两个兵士出去送信，只有 30 个人了。他就重新分配，每面仍是 9 个人，如图：

```
┌─────────┐
│ 2  6  1 │
│ 6     6 │
│ 1  6  2 │
└─────────┘
```

又过了几天，敌人围困很急，他又派了两个人去送信求援兵。他把 28 个人，重新分配如下图：

```
┌─────────┐   ┌─────────┐
│ 2  5  2 │   │ 1  5  3 │
│ 5     5 │   │ 5     5 │
│ 2  5  2 │   │ 3  5  1 │
└─────────┘   └─────────┘
```

过了几天，两个兵士受伤，他只有 26 个兵士了，他发了一个命令，叫那些兵士排成下面的形式：

---

① 本文原载《活教育》1942 年第二卷第一期。

2 4 3
4 　 4
3 4 2

1 4 4
4 　 4
4 4 1

过了几天，又有两个兵士受伤了，炮台上只有 24 个兵士了，他发了命令，叫兵士变成下面三种排式：

3 3 3
3 　 3
3 3 3

1 3 5
3 　 3
5 3 1

2 3 4
3 　 3
4 3 2

过了几天，炮台上只剩下 22 个人了，他又叫兵士照下列的图形重新排列：

5 2 2
2 　 2
2 2 5

3 2 4
2 　 2
4 2 3

6 2 1
2 　 2
1 2 6

过了几天，两个兵士又受伤了，炮台上只有 20 个兵士了，他让 20 个兵士照着下面的图形守卫：

4 1 4
1 　 1
4 1 4

6 1 2
1 　 1
2 1 6

1 1 7
1 　 1
7 1 1

5 1 3
1 　 1
3 1 5

跑来跑去，时时变换，敌兵明明看到每面有 9 个守兵，始终没有一个给他们打死，疑心这是神兵，吓得胆也破了。

算学实在是好玩得很呢！

但是你到学校里去问问小孩子看，十个之中有几个喜欢算学呢，我想找不到几个，这究竟是为什么缘故呢？

算学这门科学已有几千年的历史，是最早的一种科学。有了算学，有了天文学，有了数学，有了物理化学，算学可以说是科学的基础。算学从小学一直到大学，都是很注重的。在旧式的小学课程中，算学是三科之一。所谓三科，就是读、写、算。算学既然这样重要，这样有趣，何以世界各国的儿童，喜欢算学的这样少呢？这个问题实在太重要，我们应当加以彻底的研究。可惜我还没有时间来把这个问题加以详细的探讨。现在，所观察的有几点：

（一）教材太深。儿童的数目观念，是要逐渐发展的。他没有数目观念的时候，你无论怎样教他，是教不会的。一个 3 岁的小孩子，不会数"一二三"三个实物；我花了一个月的工夫，教小孩子数三种实物，总是数不会，叫他随口背数，他会背的；你要教他数实物，他总是数不来，这是 3 岁的小孩子是如此的。

小孩子到了 4 岁，你不要说教他数三个实物，就是数十个实物，也是一教就会的。这是什么缘故呢？数数的那种能力到了 4 岁已经有了。在 3 岁的时候，他没有那些数目观念，你无论怎样教，是教不会的。

在小学里面，教材用得太深了，小孩子没有那样数目观念，小孩子就不高兴去学，不去学就更不会，对于算学更加讨厌了。

尤其一二年级的小孩子所学的算学来得太深。什么五个加七个，七个加八个，他根本没有这种需要，他没有这种观念，无怪他对于算学不发生兴趣呢。数目观念是很抽象的，不容易发展的，有了数目观念，他才可以学习算学。

数目观念当然是很繁复的。有的很简单，有的很抽象。数数是种观念，加、减、乘、除中的各种步骤都代表各数目观念。我们现在要做的，就是要把小孩子的数目观念，调查得清清楚楚，什么年龄有什么观念，应当学什么算学。这是从一般的儿童来讲，对于个别的儿童，我们也应当有一个适当的算学教材。有的儿童，对于某种数目观念，有了相当的程度，我们方才教他一种算学。有的儿童，还没有得到某种数目观念，我们不必勉强他学习那种数目观念的算学。我们要因材施教。怎样的小孩子，就教他怎样的算学，在中国的学校里，教学的材料，大概是太深，小孩子学起来就没有兴趣，这是第一个"为什么小孩子不喜欢算学"的主要原因。

（二）教法太呆板。做教师的不会利用儿童的生活环境来做算学的教材。什么 2：4＝16：32，这是抽象的比例，我们何不用生活环境的教材来教他呢！比如我们要知道一棵树的高，我们何不用比例来算一算呢？我们只要量树的影子就可以知道了，用一根竹竿插在树的前面，假定竹竿 2 尺长有 4 尺影子，树有 16 尺影子，就可以算出树的高度了。

（三）教法不合数目观念的发展。数目观念的发展是有一定的步骤的：

1. 一与多的分别。

2. 多与少的分别。

3. 口头数数。

4. 数实物。

5. 认识图记——以符号或图来代表实物。

6. 认识有组织的图记——从前要把图记一个一个数的，现在能把图记一组一组的数了。譬如下面的几个图 ⋮ ⋮ ⋮，小孩子一看，就可以认识 4 点 5 点 6 点三个有组织的单元。

7. 以数目代图记。小孩子大一点，就可以学数目字，这些数目字是什么意思呢？就是一种抽象的符号。有抽象的数目观念，小孩子方可以学算学。

教材教法都应当根据这种数目观念的发展步骤而实施的。做教师的不按照数目观念的发展步骤而随便教他学学算算，甚至一班之中，程度很低的必须要学高深的算学，或者程度很高的，必须要重学那很浅近的算学，无怪小孩子不喜欢算学呢！

（四）还有一种原因就是教师不顾到个别儿童的学习情形，因为教师忽略个别的儿童，儿童就会发生以下的毛病，这几种毛病，小孩子常常犯的。

1. 数手指。我的大孩子，到了中学的时候，还是数手指头做加法的。这种习惯究竟怎样养成的？我来告诉你们吧。当初教师教算学的时候，就教小孩子数手指，或者小孩子自己数手指来算算，譬如 5 加 4 等于什么这个算题，他用 5 做基础，用手指一个一个数，数到 4 才知道是 9，他不知道 5 加 4 就等于 9。

做教师的，应当用图记 ⠼ 加 ⠒ 等于 ⣿，使小孩子彻底的明了，小孩子一明了之后，我们要把图记立刻变成符号的公式，就是 5+4 ＝9。这个公式必须印在小孩子的头脑里。

用什么方法呢？一种是给小孩子看这种公式，一种是教小孩子把公式念几遍。

这里有一点我再要特别声明的，就是小孩子必须在头脑中有这个公式的印象，假使小孩子没有这种印象，你就叫他算"5＋4 ＝？"这个问题，他没有 9 的答案印象，就会用手指来算。所以要免掉数手指的弊病，做教师的必须要使小孩子先有一种印象。要使印象印得深刻，练习是必须要有的。但是一般教科书，都没有做到这一点，在教科书中所列的算题，都是要小孩子用手指来算的。什么"6+5 ＝？""7+8 ＝？""9+7 ＝？"他不知道 6+5 ＝11，不知道 7+8 ＝15，也不知道 9+7 ＝16，他当然答不出来，唯一的方法，就只有用手指头来算，所以算术练习片———一面有答案的，一面没有答案的———是必须要有的。

2. 九九表不熟。有的小孩子没有把九九表弄清楚，没有把九九表背熟，譬如 5×7 ＝35 他不知道，在头脑中没有这个公式的印象，他也没有把这个公式背熟，所以他算的时候，就会把五个七加起来，这样一来，时间要多了，算起来就慢了，而且加起来容易加错。所以要免掉这种弊病，我们必须使小孩子先有乘法的观念，再有纯熟的练习，小孩子一听见 7×8，就不假思索地会说出 56。

总而言之，算学是一种很有兴趣的玩意儿。教得好，教材选得巧，小孩子一定喜欢学。教得不好，教材也选得不当，小孩子当然不喜欢学了。现在中外小孩子之所以不喜欢算学，我们可以明白了。愿我们做教师的应当善自警惕，使小孩子的前途不致被我们摧毁！

文纳特卡制中的读法[①]

读法在小学课程中占最重要的位置。除了美术、工艺、体育之外，各种课程差不多都要用着读法的。一个阅读能力薄弱的小孩子，在各种功课上就不容易有相当的进步。所以能够教儿童多看书，喜欢看书，看相当的书，是教师最重要的责任。

我们主张各种功课都要个别教学，以适合个性，读法可说是最容易用个别教学方法来教学的。

现在把文纳特卡制所采用的个别教学法，约略介绍一下：

在未实行个别教学法以前，教师应当采取以下五种步骤：

（一）用阅读测验来断定每个儿童的阅读能力。

（二）要使每个儿童多看适当的读物，教室内应有阅书处的设备。

（三）儿童不要在班上朗读，浪费全体儿童的时间。若要儿童朗读，以便考查儿童的读音能力，那只要对教师个人朗读就是了。

（四）有三种方法考查儿童的了解能力；口头问答；书面报告；口头报告。

（五）各个儿童在读法课可以随时升级，同时毋须调换班次。

考查成绩的方法有两种：看小孩子阅读了多少书；用测验考查儿童阅读的能力。

以上五种方法，都是曾经试用过而很有效验的。每种方法可以单独的试用，但是合起来就可成为一种教阅读的个别教学法。

[①] 本文根据 Carleton Washburne How to Fit Reading to Each Individual Child 编译，原载《儿童教育》1931 年第三卷第五期。

前两种是比较得格外重要，其余三种比较得不大紧要。在未详细讨论各种方法前，我要说明适当眼动习惯（eyehabit）的重要。

读法好不好，看我们眼睛动得对不对。眼动的问题许多学者曾经用复杂的照相仪器研究过。善于阅读的儿童看起书来，他的眼睛动起来是有节奏的：他的眼睛会一停一动，一停一动地看过去；看完了一行，看第二行，又是一停一动，一停一动地那样看下去。停的时候，他的眼睛不止看一个字，同时可看见好几个字或好几句。

阅读能力薄弱的儿童看起书来则不然。他的眼睛是这样动的：他的眼睛看了一个字，向前动一动，停一下子；或者回转来，再停一下子；在一行之中，眼睛停的次数差不多有十来次，看一个字差不多都要停一停。

阅读能力薄弱的儿童看起书来，他的眼睛停的次数为什么比较多，而停得没有节奏呢？这是因为当初所看的读物太难，到了后来习以为常，以后看一个字，眼睛就要停一停。所以最初的时候，就是在眼动习惯未养成之前，我们给儿童看的书要容易；倘使太难，使他眼睛动得不得当，而养成一种不适当的动作，那到后来就不容易改了！所以对于阅读能力薄弱的儿童，我们最好给他看很容易的书，教他看得快。使他养成适当的眼动习惯。

现在我们把以上所讲的五种步骤，分别详细说明于下：

第一步，分班测验。要知道小孩子究竟阅读的能力怎样？我们先要用测验考查出来，文纳特卡学校用三种读法测验考查三、四、五、六各年级学生，定出学生阅读的年级程度，教师就把各个儿童的年级程度注明在他的学习簿上。

第二步，适当的读物。我们知道了儿童阅读的能力，就要给他看适当的读物，可是"适当读物"实在不容易规定。有的读物是要撰述的，有的是采用的；怎样程度应采用怎样的书？文纳特卡学校已有相当的初步研究。但他们所用的是英文书，与我国儿童无关，兹不赘述。

现在我们要问书从哪里来？有了书怎样安置使儿童容易取阅？

倘使儿童的教科书是由学校供给的，那么学校不必专买一种教科书，同时可以买三四十种各样的读物。倘使教科书由儿童自己买，那么可以叫儿童将钱交给教师，去买他所喜欢看的读物。但是这两种方法还嫌不完美，所以我们还要另行设法来购买许多新书，以供儿童阅读。

寻常各教室旁边必有一个阅书处，在每一阅书处同时可以备四五十种不同的书籍，待儿童看过了这些书籍之后，教师可另换第二种读物。这样一来，阅书处可以常添新书，儿童不但看了不倦，而且还可以多看各种读物。在文纳特卡学校里，学生每年至少要看15本书。

第三步，朗读。朗读在学习中没有像默读来得重要，但每个儿童应当读音正确。在班级教学制度之下，朗读实在是个大问题！教师有时觉得没有办法，比如有的儿童对于朗读需要练习，教师若叫他练习，其余的儿童就觉得讨厌；倘使教师只叫阅读能力强的儿童练习朗读以示范，那么，阅读能力薄弱的儿童就没有练习的机会。所以我们主张小孩子只要读给教师听，当一个儿童读给教师听的时候，其余的儿童都各人自己默读。这样阅读能力强的与薄弱的，双方都能兼顾；况且朗读只用在低年级的，高年级的就都应注重默读了。不过究竟儿童朗读的能力如何？我们用朗读测验来考查他，每个儿童大约费2分钟的时间就可以考查出米；所以不到两星期，一班中的儿童都可考查得到。倘使有的儿童要特别注重朗读的，那么我们有两种补救方法：一种是把儿童分做几个小组，三四个儿童为一组，其中有一个比较好些的做领袖，各组里互相朗读，互相校正。另有一种方法，是请儿童的父母每天费十分钟的工夫，听他们朗读。这种方法能使父母对于子女教育特别关心，儿童也特别喜欢在家练习；不过儿童所读的书籍，应当由教师事先慎重选择，以免耗费时间与精力。

总起来讲，儿童所看的书要在他能力之内，务求简易。凡儿童遇到"难字"的时候，不论儿童的领袖或儿童的父母，应当立刻替他校正，不要随儿童任意尝试，以免先入为主的弊病。

第四步，考查。儿童了解的能力，有时候不必考查他们所读的书籍，倘使他对于书本非常有兴趣，你差不多可以不必考查。照文纳特卡学校的办法，每个儿童看完一本书要填一张表，把著作者、书名以及对于这本书的态度，注明表上。另外还有三种考查儿童了解能力的方法：

（一）口头问答。有的时候，用测验片来考查，就是教师把书中主要的意思，编成几个测验题目读出来叫儿童口头回答。回答得对的就算及格，倘使问题中有一个回答不出，教师或者叫他重看，或是叫他以后看书要格外留心。这是一种用测验考查的口头问答。

（二）书面报告。这种报告，可以代替作文，不过不是每看完一本书就做一个报告，以免单调而减兴趣。

（三）口头报告。我们有时候叫儿童把书中大意略报告一下，倘使要增加儿童阅读的兴趣，可叫他把书中的情节表演一下。

第五步，个别升级。小孩子至少看了 15 本书之后，就受一种标准读法测验，倘使他没有达到相当的标准，他应当多看几本书。若有什么困难，教师应随时帮助他，倘使他测验考得很好，就能升级，再看那级的书。

总之，这种教学阅读的方法，看起来好像很复杂，实在是很简单的；第一只要用测验方法找出各个儿童阅读的能力，给他充分的读物，让他对你个别地朗读，或在小组之中对同学读，或在家庭里对父母读；俟读完后，或用口头测验，或叫他口头报告，或用书面报告；他读了相当数量的书籍之后，就给他标准测验，以定他能否升级。

以上教法有四点效用：一是可以发展儿童适当眼动的习惯。二是可以养成儿童喜欢看书的习惯。三是能鼓励儿童多看书的兴趣。四是能免除退班与留级的弊病。

英文是否应当这样教的[①]

教书实在是一桩不容易的事体。做教师的不但要热心教，而且对于所教的功课要有切实的研究，不但要有充分的预备，并且要明了学生的心理与程度而施以相当的教法。

新近我做了一个小小的试验，证明教书是不容易教的。这个试验恐怕也可证明教学中有许多耗费光阴的事实。究竟我试验什么，得到怎样的结果，请看下文：

一、被试者 （被试的是四个学生）

三个是我的侄子，一个是我友的儿子。他们都在我家居住。我的三个侄子的英文都不及我友的儿子，而这四人都在某中学同一英文补习班读书。以全班的英文程度比较而言，我友的儿子恐居第一，而我的三个侄子恐居中等的地位。

二、试验的材料

这四人在补习班同读的《富兰克林自传》（*Benjamin Franklin's Autobio-graphy*）（商务印书馆翻印），当初我常常在晚上教他们。到后来，我因事无暇顾及，而他们觉得这本书太难读，所上的页数虽少而生字太多。且上课的时候，先生只带读带讲了一遍。我因此起了一种好奇心，究竟这种教法有没有效果。某天晚上，我把早上他

---

① 本文刊登于《教育汇刊》，1926 年第二卷第三、四期。

们在学校里先生教过的书问他们究竟懂不懂，所以就把那天读的摘出来问他们。这段书就是从第 22 页 "When I was intent" 起到第 23 页 "My cause was always deserved" 止，共计 186 个字，其中有 142 个异样的字。而在这异样的字中却有 42 个他们不认识的生字，就是在 100 个字中有 30 个生字。在这一段短短的书中就有这许多生字，无怪不容易读呢！

三、试验的手续

我先叫我友的儿子把那摘出来的一段文章读一遍。他读后，我读一遍，解释一遍，我的小侄子再读一遍。读错了，我矫正他，他读了之后，我再读一遍给他们听。读后，我的大侄子也读一遍，读错的也随时矫正。他读后，我把生字再一个一个地一面读一面解释给他们听。这样前后共读了六遍，解释了两遍。如是朗读及解释后，我叫他们把生字一个一个地读出音来，此时，读错或读对，我都不置可否。我的三个侄子先读，我友的儿子最后读。一个人读的时候，其余人都在旁边听着。这样读好之后，我叫他们把这 42 个字的意义写出来。到了第二天，我又叫两个侄子各读了一遍，其结果如下：

（表格省略）

四、试验的结果

解释这一段书只有 184 个字，其中有 42 个字他们当初不能读而读得不对的。甲、乙、丙代表我的三个侄子，丁代表我友的儿子。生字旁边的 "×" 号指字音读错的，"√" 号指字义记得的；"○" 号指字义遗忘的；"本" 字指在试验以前那个字义已经明了的。

从上面一表看来，甲生听了别人读过六遍及自己读过一遍之后，在 42 个生字之中，有 23 个字，占总生字 53%，还是读错的；

乙生听了别人读过六遍之后，还读错 21 个字，这 21 个字占总生字数 50%。

至于字义遗忘，甲生听了我解释两遍之后，在 33 个本来不知字义的字中只记得 8 个字的字义，即等于 24%，而遗忘的却有 25 个，占 76%。乙生听了两遍解释之后，在 31 个本来不知字义的字中记得 13 个，占 42%，而遗忘的有 18 个字，占 58%。丙生在 30 个字中只记得 10 个字的意义，而忘了 20 个字。丁生在 29 个字中，记得字义有 20 个字，占 69%，遗忘的只有 9 个，占 31%。这样看来丁生的成绩最好，乙生的成绩第二，甲生的成绩最坏。

总结

这个试验是否算一个试验，却是一个疑问。然而有几点的确可以供我们做参考的。

第一，这四个学生所读的《富兰克林自传》从他们的程度看来，恐是太难。你看，在这一段短短的 142 个字的文章里面，他们就有 42 个读不出的字。这种生字很多的材料，学生读起来当然要感觉非常困难。若学生用功些，那就费了许多光阴去翻字典，查生字，注生字。生字查注之后，恐怕没有余暇再去记熟温习了。若是遇到不用功的学生，那生字也不查不注，到班上随便听教师讲解讲解罢了。这样说来，用功的学生费时费在查生字，不用功的学生费时费在白上课。无怪学生的英文不容易进步呢！

我不懂为什么教材要选得这样难？这里恐怕有几个道理：有的教师不晓得学生的程度，不晓得所用的教材之难；有的教师明知学生的程度而特意选一种高深的教材以耀己而炫人。

这两点理由都是不对的。做教师应当因材施教，不应随便瞎教，贻误青年；尤不应当争虚荣而堕学生之学业。

第二，教师必须知道学生的程度，并且常常考查他们的成绩。究竟我所教的，他们懂不懂，我所采用的方法，有没有效果，他们的学业究竟有多少进步？诸如此类，做教师应当随时考查而研究的。我想上面所说的四个学生从教师得到的益处很少。不但这四个学生得益不多，而其余同班的人也必未得着多大进步。若那位教师一方面考查学生的成绩而施以相当的教材，一方面采用相当的教法以促进学生的学业，那教的学的都不至于枉费时间与精力了。

你看那四个学生，我清清楚楚地读给他们听，详详细细地讲给他们看，而他们也很用心地听，但听了之后还要读错，还要遗忘。那在班上，三四十个学生听一个教师讲读，而学生的注意未必能像那四个学生之集中，而讲解的也未必能如我所说得清楚，那么，那班学生所得的益处一定是不多。

像以上所说的这种弊病，不但是教英文的教师常常犯的，恐怕教国文的教师也难免不犯。所以我希望我们做教师的常常能考查学生的成绩，施以相当的教材、教法，使教的和学的都不至于枉费光阴与精力。

对于教授图画的一点小意见[1]

图画应当怎样教的？这个问题实在不容易解答。有的教师先把图样画在黑板上，叫儿童依样画葫芦地画画。有的教师叫儿童自由去画，画好了，也不去校正他。

这两种方法都不妥当，前一种方法是太呆板，太拘束；后一种方法是太自由。我觉得画图画有几个步骤：第一，要有动机；第二，要让儿童自由发表；第三，教师必须做校正的功夫。有了动机，画起来就有目的，就有兴趣；有自由发表之机会，才有个性表现之可能；有校正才有进步。图画这样东西，同文字一样难的，广义说来，图画就是文字，一个没有读过书的人，虽活到一百岁仍旧不认识"之乎"的；一个没有学过画图的人，虽到老来，也不能画的，文字是一定要学的，画图也是一定要学的，不学是不会的。

从前我曾经做过一个试验，就是叫小孩子、成人、老人画三张图画：1. 一个人，2. 一只狗，3. 人骑马，现在我检几张出来，印在下面做例子（见附图1）：

附图1

---

① 本文原载《儿童教育》1928年第一卷第四期。

马驰二十三岁
读过二年书
(二)狗
(三)人骑马

娶成根
三十二岁
读过三年书

看了上面的图，我们可有以下几个结论：

大学生
十五年十二月作
(二)狗
(一)孙传芳之流
(三)人骑马
我
二十八岁
未学过画
大学生

（一）没有受过学问的成人、老人所画的图，与小孩子画的图是一样的。

（二）画图是一种专门的技术（见姜成根所画之图），姜氏对于画人是画惯的，所以画得很不差，但是对于画狗是没有学过，所以画起狗来，就不会画了。这样看来，图画这种技术是专特的，会画山水的，未必会画人物，会画花草的，未必会画鸟兽，甚至会画狗的，未必会画猫，各种图画都要学的，不学是不会画的。

（三）图画是要学的，学过图画的大学生，比不学过图画的大学生画得好，读过书的人，比不读过书的人也画得好，总之图画是要学的，不学是不会画的。

新近我又注意儿童的图画，晓得图画不但是要自己学的，而且是要教师教的。有一天，我叫一个 7 岁大的小孩子陈儿，看了花瓶画一个图，他画得很不好，我就画一个给他看，后来他又画了一个，这一次画的，比上次画的好得多了（见附图 2）。这样看来，图画是要教的，是要教师从旁指导，随时校正的，不然，小孩子不知道他自己所画的是好是坏，虽天天学习，也不会有多大进步的。

附图 2

 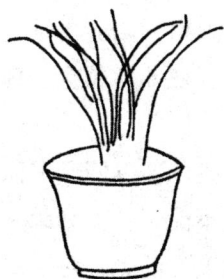 

自由画　　　　　　示范　　　　　　练习

小学生应当读经么^①

在开始谈这个问题的时候，我先要问一句，为什么要读经？如果是为研究古代文学起见，那么这许多经书，大学专科里才有读的必要。如果读经的问题专为人格的培养的话，那么先问这些经书的文字和包含的意义，如何可以使儿童领会。现在我且把这个先决问题分开来谈谈。

经书含义宏深，文字古奥，即以四子书而论，非对于古文具有根柢略具训诂知识的，已属不能卒读。如果一面读经，一面再教古文，不但时间不允许，恐怕生吞活剥，对于真正的经义仍旧是一知半解。现在有人主张不必问小学生能否了解，只须教他们读经就是，大概是说学生把经书熟读在肚里，将来自然就会应用。这种"反刍式的教育"我实在不敢苟同。试问小学毕业生有多少人能够升学，有几个人能得有反刍的机会呢？所以我以为如果要教小学生领略经书的精义，第一步要把经书的文字和编制，先加选择和改造。

经书的文字古奥，叙事说理多偏于政治道德方面。幼年儿童不易明白，只好选择其适合儿童心理之记述，改编作故事或戏剧的体裁，教他们阅读，教他们表演，他们自然就能明白了解，兴趣浓厚。西洋各国对于教授儿童新旧的圣经就用这种方法。我想学校里如果要教授经书，变成明白浅显饶有兴趣的现代儿童读物。那读经一课在学校里面才可以有利无弊。

---

① 本文摘自《教育杂志》1935 年第二十五卷第五号《全国专家对于读经问题的意见》一文。

一年级的儿童应当有课外作业吗[1]

洛生女士：

来函收悉！你所提出的这个问题，是目前一般小学校的严重问题，五六岁的孩子，健康重于知识，这时期的儿童，正在迅速发展生长中。她需要多游戏，需要多活动，才能帮助她生长。而且，还应当有充分的日光和空气，她应当多在户外活动。她一天在学校里生活，等到回家来，正可以调剂她的精神。假使在学校已整天的做桌上工作，回家来还是做，抄呀，写呀，默呀，算呀，用手又用脑的忙着，一定会影响身体的健康的，不是养成一个小驼背，就是养成一个近视眼。照你来信所说，我已能想象得到这孩子的健康一定会成问题的，如果她读书的方式再不变更的话。

我想做父母的，有时候也有一种错误。以为孩子读书好，是做父母的光荣，教师称赞她的孩子读书好，就也迫着孩子回家后必须读书，必须预备功课。

另方面，我们应当来检讨一下做教师的。教师如果有好的教法，一、二年级的小孩子，断乎用不到课外作业的。好的教师，一定会领导儿童从实际生活中来学习，来选择教材，决不会死读书，读死书的。所谓背书、默书，都是机械的，没有生气，脱离实际的工作。书是好的，但必须与实际的生活配合。新教育的教学方法，理论与实际必须一致，像这种死读书的方法，完全是教条主义，与实际生活不相符合，再读得熟点，再默得好点，也是没有用处的。其结果，不过造成了许多小书呆子，得点死的知识而已。所以教师

---

[1] 本文原载《活教育》1950 年第六卷第二期《父母咨询所》栏。

迫着孩子回家做课外作业，这实在不是作业，而是"作孽"。

小孩子往往在父母教师双重威迫之下，断送了前途。这种摧残儿童的教学方式一天存在，小孩子要多吃一天苦头。

为了救救孩子，我希望教师们应首先觉悟，多多地改进教法，慎重地选择教材，一、二年级的孩子，决不能有课外作业，免得促成孩子早熟和衰弱，害了孩子。做父母的应该戒除虚荣心，应当以小孩子的身体健康为第一，知识次之，这样才能使儿童得到快乐，得到自由，个个都成为健康活泼的儿童。

陈鹤琴

1949 年 12 月 13 日

《小学自然故事》编辑大意[①]

一、编辑旨趣

（一）精选代表事物，切合课程标准；

（二）丰富教材内容，提高教学效能。

二、编辑体裁

（一）用生动的"导言"，引起学生研究的动机；

（二）用"观察"、"实验"的方法，灌输学生科学的知识；

（三）用"问题式的讨论"，发展学生的思考力；

（四）评述"参考材料"，补充讨论的不足；

（五）附"测验题"，考查学生所获得的经验；

（六）附"参考书"，供给学生自修和参考之用。

三、本书用法

（一）本书各单元分册装订，俾使自由选用；

（二）本书以"做"为中心，指导学生在做里求真理；

（三）另编指导书，详载本书的教学方法。

---

① 《小学自然故事》系陈鹤琴、陈选善主编，1939 年由上海民众书店分册出版，已经出版的有四组共四十册。在此之前，1931 年至 1932 年，陈鹤琴和丁柱中曾主编《儿童科学丛书》100 册，由陶行知先生校订，上海儿童书局出版发行。

四十册书名如下：

第一组：1．空气的压力；2．火怎样会烧起来；3．为什么要呼吸；4．我们的呼吸器官；5．日常用的水；6．天气的变化；7．植物怎样生长；8．食物的来源；9．食物与营养；10．调味品；

第二组：11．我们的消化器官；12．光的研究；13．怎样学照相；14．我们的眼睛；15．热的研究；16．我们的衣服；17．我们的房屋；18．机械之母；19．太阳和星球；20．我们的地球；

第三组：21．日蚀月蚀潮汐；22．我们的身体；23．常见的鸟兽；24．奇怪的磁石；25．伟大的电；26．电铃和电话；27．电光和电热；28．声音的研究；29．我们的耳朵；30．文字的传达；

第四组：31．电话；32．无线电；33．筑路造桥；34．各种车辆；35．轮船；36．飞机；37．怎样预防传染病；38．普通的疾病；39．常备的药品；40．生物的进化。

《中国历史故事》编辑大意①

一、编辑目的

（一）研究民族过去的经济生活，来改善我们现代的经济生活；

（二）研究民族过去的文物制度，来创造我们现代的文物制度；

（三）研究民族过去的发展过程，来了解我们民族今后应走的方向；

（四）研究民族过去失败的因果，来指导我们做人立国的方针；

（五）研究民族过去奋斗的精神，来激发我们的民族意识，加强我们救国的信念。

二、内容

（一）不替皇帝一家说话，要替人民大众说话；

（二）不替英雄个人捧场，要说团结合作的力量；

（三）不搬出陈旧古董，要和现实有密切联系；

（四）不注意朝代改换，要注意社会的发展；

（五）不仅仅回忆过去，要做我们现代的借鉴。

---

① 《中国历史故事》系陈鹤琴、陈选善主编，1938 年由上海民众书店分册出版，已出版的有四十册，其中第一、三、四、五、六、八、九、十、十二册系陈鹤琴、朱泽甫合写。本卷收入《夏禹治水》、《封建制度》、《卧薪尝胆》、《秦始皇统一中国》、《黄河》五册。

三、体裁

（一）用浅近的文字，引起"容易懂容易记"的兴趣；

（二）用完整的故事，引起"读了再读"的兴趣；

（三）用生动的图画，引起"看了再看"的兴趣；

（四）用问题的讨论，引起"想了再想"的兴趣；

（五）用诗歌的练习，引起"唱了再唱"的兴趣。

四十册书名如下：

第一组：1. 衣食住怎样来的；2. 中华民族的来源；3. 黄帝灭蚩尤；4. 夏禹治水；5. 两次大革命；6. 封建制度；7. 古代的大圣人——孔子；8. 卧薪尝胆；9. 陶朱公救国救民；10. 秦始皇统一中国；

第二组：11. 万里长城；12. 黄河；13. 黄河流域的文化；14. 楚汉的战争；15. 王莽改革政治；16. 立功异域的张骞和班超；17. 苏武牧羊北海；18. 马援平定安南；19. 鞠躬尽瘁的诸葛亮；20. 隋炀帝开运河；

第三组：21. 江南文化的繁荣；22. 长江；23. 唐太宗发扬国威；24. 玄奘到印度；25. 三大宗教传入中国；26. 纷乱的五代十国；27. 大政治家王安石；28. 精忠报国的岳飞；29. 蒙人的远征；30. 马可波罗游中国；

第四组：31. 郑和下西洋；32. 中西文明的交流；33. 粤江；34. 史可法为国牺牲；35. 黑龙江；36. 太平天国；37. 中华民族的形成；38. 革命领袖孙中山；39. 中华民国的成立；40. 中国的铁路。

"鸟言兽语的读物" 应当打破吗[1]

"鸟言兽语的读物"究竟应否打破？这要看以下两个问题如何解决：

（一）这种读物小孩子喜欢听喜欢看喜欢讲吗？

（二）这种读物小孩子听了看了讲了，究竟受到什么影响？

若是小孩子不喜欢这种读物，我们当然不应该给他。但我们还要看这种读物究竟对于他有没有坏的影响。若是小孩子虽喜欢而受到的影响却很坏，这种读物当然不适用。我们晓得有许多东西小孩子喜欢的而未必对他有好处，所以要断定鸟言兽语的读物究竟有没有价值，只要看以上两点就可以决定的。

照我个人的经验看来，鸟言兽语的读物，年幼的小孩子——尤其是在七岁以内的小孩子——是最喜欢听，最喜欢看的。至于害处呢？我实在看不出什么。不过究竟这种读物是否儿童所需要的，让我约略地说一说：

小孩子在一岁以外的时候，对于各种事物，发生许多动作许多兴趣，我们成人看起来，恐怕要觉得很希奇，其实从小孩子眼光里，是一件很平常的事，不信，请看下面的几桩事实：

1. 骑马。我的小孩子一鸣，在一岁半的时期，对于无论什么可骑的东西，如桌腿、椅背、棒头等，都拿来当马骑。不但如此，有时他一听见别人说"马"这个字的声音或"骑马"两个字的声音，就立刻把身子上下跳动，作骑马的样子，并且嘴里喊着"ä——ä——ä"的声音。

这种"棒头当马骑"的情形，在各国小孩子生活中是一桩很平常很普遍的事，这种很平常很普遍的儿童生活，我们成人应否让儿

---

① 本文原载《儿童教育》1931 年第三卷第八期。

童享受呢？关于这种生活的读物故事我们成人不应当让儿童看，让儿童听，让儿童讲吗？

但是我们又要仔细想一想，这种"棒头当马骑"，不是比鸟言兽语还要神怪，还要不近情理吗？

2. 洋娃娃。一个 1 岁多点而尚未能讲话的小孩子，就能抱了一个洋娃娃，用手拍拍他，嘴里还发出一种 ä——ä 的声音，表示同他讲话的意思。等到再大一些（3 岁）他就能同洋娃娃谈话，好像做双簧的样子。

他真的相信洋娃娃是真的小孩子吗？不！如他当洋娃娃是真的，那就有一种神经病了！试问哪一国的儿童不玩这洋娃娃呢？而当洋娃娃是真的小孩子，那恐怕是绝无仅有的事吧！

3. 滑稽图。下面两张图画，哪一个小孩子看见不喜欢呢？关于这种图画的读物，哪一个小孩子不喜欢看呢？但是他们相信猪真的会跳舞吗？水果真的像人吗？绝对不会的；那么为什么我们成人不准他们享受这种好玩的东西呢？

人猪跳舞

鸡蛋

萝卜

菠萝　葡萄

苹果

4. 滑稽电影。

（1）昨天我带了我的五个小孩子（从一岁半到十岁）去看电

影，第一部片子就是《黑猫》（Felix）。那时全场的小孩子一看见"黑猫"出现，就大声鼓掌，高兴非常。这个滑稽故事，在《中国大陆报》上常常登载的，这只黑猫不但会讲话，而且所做的事情，往往出乎情理，违反自然，而人力所不能做的。

但是小孩子相信黑猫真的有这样能力吗？他们是绝对不相信的，但是看的时候，他们表示十二分的快乐。看了之后，他们并没有回家去把自己家里的猫也当作黑猫一般看待。

（2）记得上星期也看到一部滑稽片，很可以做我们的参考。这部片子叫做《动物音乐会》。开会之前，有许多动物穿了衣服，戴了眼镜，坐了各种交通工具，来赴这个盛大的音乐会。有的坐了飞艇轧……轧……地从天上飞下来，有的坐了汽车鸣……鸣……地从桥上开下来，有的坐了火车共……共……地从远处冲过来，有的坐了马车得……得……地从街上跑过来，形形色色，非常热闹。

开会的时候，节目颇觉有趣，忽而有三、四位青蛙姑娘拉着手，张着口，跳舞唱歌；忽而有五六位老鼠小姐翘着尾，抬着头，大唱特唱，唱得非常出色；忽而有一位白猫先生，挂着身子，吊了尾巴，两手弹琴，两只眼睛忽大忽小，神气十足。那时黄狗、雄鸡、乌鸦……有的敲铜鼓，有的拉小提铃，叫的叫，跳的跳，各献各的本领，忽而这样，忽而那样；约有 10 分钟的工夫，这部片子演了之后，全场不期然而然的鼓起掌来。像这种"动物音乐会"纯粹是一种鸟言兽语的物语，而这种物语，不单小孩子喜欢看，就是成人也非常欢迎。

5. 实在的阅读经验。鸟言兽语的读物，在欧美非常风行，我不知道那欧美的小孩子看了听了这些读物究竟受到什么坏的影响，我现在且把我自己所得到的经验来说一说。我的几个小孩子对于鸟言兽语的读物可以说是都很喜欢的；不单一种很普通的鸟言兽语的读物，就是很神怪的一种材料，如《西游记》——二郎神捉拿孙猴子，封神榜等等，也都是非常喜欢听，喜欢看的。

我有时讲了之后或者他们自己看了之后，我就问他们这种事情是真的吗？是真有孙猴子吗？他真能一个筋斗翻十万八千里吗？他们都回答说："没有的！不会的！"有时候甚至于回答说："这是故事，讲讲的！"

这样看来，这些认为消遣的儿童读物，于年幼的孩子实在没有什么妨碍。

总结起来，小孩子尤其在七八岁以内的，对于鸟言兽语的读物，是很喜欢听，喜欢看，喜欢表演的。这种读物，究竟有多少害处呢？可说是很少很少，他看的时候，只觉得它们好玩，而并不是真的相信的。

至于这种鸟言兽语的读物，常常讲给小孩子听，或给小孩子看，当然有种危险，这种危险与平常小孩子所需要的东西是一样的。犹如"吃奶"，我们都晓得奶是很好的营养料，小孩子非它不能生存的，不过到了一岁半以后，那他还是吃奶，而不吃旁的东西。他虽然不至于有什么危险，但是要受损失的。我们应当慢慢儿给他吃些别的东西。鸟言兽语的读物与吃奶是有些相仿的。年幼的小孩子很喜欢听鸟言兽语的故事，恐怕在那时候只有讲那些故事给他听，好比一岁的小孩子只有奶是他惟一的营养料，到了大了以后，奶应当少吃而鸟言兽语的读物也应当少讲，多给他看些旁的读物。我们绝对不可说奶是坏的东西，不能给他吃的。

最后我要慎重声明的，鸟言兽语的读物，自有它的相当地位，相当价值，我们成人是没有权力去剥夺儿童所需要的东西的，好像我们不能剥夺小孩子吃奶的那一种权利一样。不过小孩子到了大的时候，我们应当供给他看别种材料。犹如奶吃了，再给他吃别的营养料一样。

现在在我国，学龄儿童读物，还是那种鸟言兽语以及各种神怪的故事，好像学龄的孩子还是要一天到晚吃奶的样子，请教小孩子怎样会强健呢？我们应当竭力地多编各种科学家故事，来丰富他的经验，来引起他的兴趣。这大概也与学龄儿童的饮食是同出一辙，同一情理吧！

还要附带声明的，就是现在书坊上所出的各种神怪小说、武侠小说，实在是不合儿童心理，而且含有一种诲淫的意味，甚至出售荒诞不经的读物，如各种鬼的故事等。这种故事，不要给小孩子看。

第四章

和小学教师谈德育

训育的基本问题①
——确立训导原则

　　训导工作在整个教育工作上可说是最繁重最重要的。本文是想把关于训育的基本问题谈一谈。要谈训育，第一先要确定几个原则，有了原则，才如旅行有了向导，航海有了指南，因为这样才有所根据，不致茫无头绪，无所适从。

　　我现在把我所拟的几条原则提出来，以供参考和商讨。

原则一　从小到大

　　教育一个人要从小就注意起的，讲话怎样讲，批评怎样批评，做人的态度，对人的礼貌，以及一切的一切都要从小养成。外国有句话说，"开始做得好，一半做到了"（well-begun is half done），中国的先哲也有"慎始"的教训，一种习惯之养成，莫不由"渐"而来。

　　有这样一个视察员在某校对人说："某小学学生太活泼了，只重劳动，不重学科。"又说："有两个小学生因为挖坟砖死了！"到底某小学是否真的只重劳动不重学科呢？不是。某一小学对于劳动与学科向来是并重的，不过并不着重把教科书死记死背就是了。其实这个小学是很重视学科的。每次全城举行学科比赛，总是该校小朋友得第一的。

　　"有两个小学生因为挖坟砖死了。"这句话更加不合事实，因为这事从来没有发生过。听说另一个小学，有一个掘过坟砖的小朋友

---

　　①　本文原载《活教育的理论与实施》，1946年立达图书服务社出版。

后来生时疫死了。或许他说的就是这回事吧，不过事实上，那小朋友之死也和掘坟砖没有关系的。

那视察员为什么这样说呢？这是因为他不知用科学方法来观察，单凭五官是不一定靠得住的。要懂得怎样观察，要懂得怎样说话，要懂得怎样批评，都要从小受良好的训练。假使在学校里求学的学生用这种类似的观察方法去观察校中事物，结果就要引起许多无谓的纠纷，发生许多无谓的问题。训导的目标就是要学生知道做人。做人是顶难的，一定要从小就加以训练，养成种种优良的习惯和态度，在小孩子时代已经受了良好的教育，到青年的时候，自然可以减少许多问题。"慎始则善终"，这是必然的结果。

原则二 从人治到法治

中国社会风尚，向来喜欢讲人情。讲人情的结果就是回避法律。特别是在专制时代，君王贵臣的一句话就是法律；在宗法社会里面，也是惟尊长是重，一言之出，奉命惟谨；即到了现在，人情改变法律的事还是屡见。西洋国家法治的观念比较重，从罗马时代直到现在，重法守法已经蔚为人民的精神与习惯。人治与法治最大的差别在于：人治易受环境变迁的影响，法治则对于人事权衡有一定的准尺，比较来得固定。

比如小孩子吃点心之前，老师一定要叫他洗手。小孩子是不懂什么"法""不法"的，老师叫他洗手，他因为喜欢或者敬畏老师的缘故，所以就照着做；假如换了一个老师，他不喜欢这个老师或者不怕他，所以叫他洗手的时候，他就不肯做；这种现象就是证明这个小孩子是无形中受着人治观念的影响。我们要使小孩子养成一种观念，并不是因为老师叫洗手才洗手，要使他知道"洗手"是为了要吃点心，是为了注意卫生，如果不洗手吃点心，会把手上的脏东西吃进肚里去，引起种种疾病，所以吃点心一定要洗手。

原则三　从法治到心理

一般的学校可说都已采用法治了，但是纯用法治，也不见得完全无弊。

瑞士某小学有一个 8 岁的男孩子，名叫阿尔勒尔脱，有一次偷了别人的手表，查了出来，校长认为他犯了偷窃行为，破坏校誉，无法造就，就把他斥退，送他到家里去；哪知这孩子的家长也认为他偷人家东西，有伤父母的尊严，拒绝接收。后来这小孩被心理学家某女士带到顽劣儿童保育院去，起初，有好几星期在一起吃饭，但是他绝不向她说起偷表的那桩事情，直到后来相处很熟了，他才和颜悦色地向她说："老师，你知道我为什么要偷那只表吗？因为我在学校里，他们都骂我是傻瓜，我想他们这样看不起我，我一定要做一桩他们所不能做的事出来，让他们不再看不起我。他们都不会偷表，所以我去偷了这只表来！"某女士听了，就把这小孩还给他家里，并且把他的话告诉给那家长听，但是那家长仍旧拒绝他回来。某女士见了这情形，便把他带回去，寄养在一个农夫家里，叫他帮忙做些事，空下来的时间读读书。后来等到某女士到中国来的时候，那偷表的小孩子快要从农业专门学校毕业了。

从这件事看来，这小孩子如果当初只有受法律的制裁，那么，此后他的命运一定很悲惨的；幸而遇到了某女士能够从心理上去研究他犯罪的动机，终于把他从未来的不幸命运中拯救过来，这是一件何等欣幸的事。可见徒循法理，尚不能完全解决训育上的种种问题，做一个教师一定要懂得心理。小学教师一定要懂得儿童心理，中学大学教师一定要懂得青年心理和群众心理。不了解心理的人，从事训导工作，是一定会失败的。

原则四　从对立到一体

　　一般的学校都是老师与学生之间沟渠分明。老师高高在上，如一般长官之对待其下属。老师和学生对立起来，形成两个团体，这样就发生种种矛盾和冲突，许多的问题也常常因此而发生。要避免这种缺陷，只有把隔在老师和学生中间的鸿沟消除掉。怎样去消除这种鸿沟呢？老师要知道教育并不是一种职业，并不是为一己的口腹打算。从事教育工作是为了替国家培养人才。为了要愉快地达成你的目的，应当竭力去接近你的学生，一方面应当想到老师是学生学识及生活上的指导人，但是当然不是万能的。有些可笑的学生常常有"掂"老师"斤两"的事发生，故意找几个难的问题去难倒老师，而老师也以为自己应当是一部万宝全书，以答不出为耻，从而发生师生间的不协调。这真好笑极了！

　　总而言之，老师和学生是应当站在一条战线上的，大家向学问进攻，学习为人处世的道理。老师把学生看做自己的子弟，学生把老师当做自己的父兄。大家在校中共同生活，共同研究，共同学做人。

原则五　从不觉到自觉

　　每一个人的心中都有一只狮子，这只狮子就是极大的潜在力量。许多人心中的狮子还是睡着的，所以他虽有极大的潜在力量，可是却不能发挥出来。在这一个时候，他是浑浑噩噩糊里糊涂的，所以可以称为"不觉"。他对人处世的方法态度都是莫名其妙的，同时对于一切事物也缺乏警觉性。凡是"不觉"的人，即使背后成天有人跟着，驱策他，督促他，也不会比一个"自觉"的人更易进步。因为所谓"自觉"的人，他心中的狮子已经醒了，他有极大的潜在力量，这种力量可以克服任何困难，完成任何事业。

一个学生，有时直到他毕业的时候，还没有走出"不觉"的阶段，所以教师对于他负有唤醒心中狮子的责任，让他知道自己是生长在一个什么世界；让他知道自己的地位和力量；让他知道自己对社会、人类、学校所负的责任和应有的贡献。总而言之，训育的目的是要使一个糊里糊涂浑浑噩噩的青年（或小朋友）转变为一个自觉的有力量的青年。把他心中的狮子唤醒过来，使他获得力量。

原则六　从被动到自动

一个学生在能够"自觉"之后，便一定产生"自动"的能力，这是从学生一方面说的。在学校行政一方面说，学生在校中所处的地位，起初是被动的，但依照理想，应当迅速把这一阶段转为"自动"，即"自治"的阶段。普通学生在训导过程中所处的地位如下：

第一阶段：完全由老师管理。

第二阶段：由团体管理。

第三阶段：自己管理。

第一阶段完全是被动的，第二阶段严格说来，也还是被动的，第三阶段才是"自动"的。被动的时期太长，容易养成依赖的习惯，自幼稚园以至大学，都是如此，特别是中等以上学校对于学生的训导，更是如此。教师管理不过是一个过渡的办法罢了。

比如学校考试，普遍是采取监考制度，要老师在旁边监督，这是第一个阶段。假如采行荣誉考试制度，老师可以不必到场监视，由受试学生全体自行负责。当然，采行这种制度，步骤要周到严密，事先应对学生郑重宣布，约法三章：第一，要学生个个自爱；第二，不但要自爱，还要有胆量肯检举；第三，要愿意在不遵从荣誉考试规则时受罚。同时还要大家庄严宣誓，这就是第二阶段。等到考试的时候不用老师监视，也不用其他同学来监视，而可以自动地不作弊，以自己的人格与荣誉来监视自己，这才是达到了第三个阶段，也就是训导的最后目的。

最近我在幼师教两班家庭教育，考试的时候，我对学生说："今天我们举行考试，你们要我监视呢，还是你们自己考试不必要人监考？"他们说："随便。"我说："你们一班马上要毕业，一班快要毕业，到这样的时候，假使对自己的人格还不能尊重，对自己的荣誉还不能够保持，那么，怎能到社会上去做人做事呢？我相信你们已经能够自己尊重，所以今天我预备让你们自己考试，我不在旁边监考。"我说了之后，又向他们宣布荣誉考试的办法，于是出了题目，回到办公室。我对别的教师说了，他们都有些怀疑，后来我就请几位老师去到教室旁窥察，结果他们告诉我说："考试的情形果然很好，各人俯着头写他的试卷，绝无偷看别人和作弊的举动，比老师在旁边监考似乎还要安静些。"

从这一事，我对于我的理想确定了信心，就是要使学生做到"自己管理"是可能的。不过在做到这一步之前，一定要先加以好好的训练和充分的准备罢了。

原则七　从自我到互助

动物都是自私的，一只母狗生下小狗之后，常常肯牺牲自己，把获得的食物让给小狗吃。等小狗大了，它们就各不相让，为了争夺一根骨头，甚至会咬得头破血流。其他的动物，除了蜜蜂与蚂蚁之外，也莫不是如此。

人自从生下来第一个观念就是个"我"字，特别是婴幼儿，但知有"我"，不知有"人"。但人与动物之间，到底是应当有所区别的。动物的自私是不可克制的，人的自私却可以用崇高的道德观念来克制，纵然不能做到牺牲一己，以利他人，至少亦应做到"互助"。"舍己为人"原是做人的最高理想，这要有大无畏的牺牲精神才能做到，自古以来，有不少大圣古贤就是这一类人的代表。普通的人能够做到"互助"也已经很不错了。训育的目的之一在乎能养成学生"互助"的习惯，如果这一点没有做到，就可以说训育没有做好。

怎样把学生从"自我"达到"互助"的阶段去呢？这一问题的答案是：要学生不断地这么做。

原则八　从知到行

不断地做，是养成"习惯"的必要步骤；单是"知"而不"行"，单是"理论"而无"实践"，样样事体都不会成功。不断地做，习惯养成了，然后可以持续不断，表现出成绩来。古谚说，"事在人为"，这句话的反面就是不"为"，就不能成"事"。我们告诉学生说要怎样做人，学生也知道了这些道理，但是大家都只是"知道"而不去"做"，试问这有什么用处呢？训育工作要获得成功，也一定要"行"。这是绝无疑问的。

原则九　从形式到精神

只有表面而没有精神是不好的。训导工作并不重在表面，比如有些教师要学生对他表示尊敬，见面的时候要行礼和问候；至于学生对他是否真正乐意这样，说不定学生在向他行礼的时候，心中却在恶毒地咒他，这些他都不管的。这种只求表面而不顾精神的，试问有何益处呢？我们中国有句古话叫"诚于中而形于外"，这就是说精神可以影响于外表，所以从事训导工作者应当对这一点特别注意。

原则十　从分家到合一

现在一般学校，特别是中等以上的学校把训导和教务的工作分开了。分开的用意，原是看重训导工作，但是结果使训教脱了节。一般专任教师完全担任知识的传授，关于教育学生如何做人，却全然不管；训导的责任，全落在训育主任以及训育员的身上。学生对于老师，有时发生这种现象：即对于负训导责任的导师的话肯听，对于不负训导责任的教员就不大领教；教师也落得清净，上课时拿了书本进课堂，下课后就到寝室里去，闭门不预外事。其实学校里专门负责训导的人可以管训育上的计划及各种施行办法，实际去训导学生的应当是全体教职员，把分家了的训教两部分工作重新联结在一起。

原则十一　从隔阂到联络

学校对于学生当然希望他能养成良好的思想、行为、习惯、态度，可是学生回到了家庭里，因为环境的变换，往往就随之而改变了。在校中不抽烟不喝酒的，到了家中却抽烟喝酒了，在校中不打牌的，到了家中就打牌了；有时相反的，在家中是很好的，一到校中，因为环境变换，受了一两个"损友"的影响，竟变坏了。这种种情形都是证明学校与家庭间的关系过于隔阂，不能采取有效的共同步骤。所以担任训导工作的人，的确应当常常举行家庭访问，或则邀请家长们来校参加某些集会，把家庭和学校联络在一起。

有的中小学有一种很好的办法：就是每星期都要把学生的成绩报告家长，叫家长在报告单上签字，有时还把各种作业本叫学生带回去签字。这样可以使学生的家长明白该生的学业成绩，可以进一步与教师采取双轨行动来督促学生。关于训育上的联络，其实我们也可以这样做。学校与家庭间的隔阂，有时还会引起家长对学校的误会，要免除误会，就要打破隔阂，一定要设法和家庭联络起来。

原则十二　从消极到积极

一般学校对于学生犯规或不正当行为常常做消极的防止或制裁，却不去积极地消除引起他犯规或做不正当事的动机。

比如说学校不许儿童打架。我们要研究为什么小孩子那么喜欢打架呢？因为小孩子是好动的，他们的精力是要有地方发泄的，所以学校应当多添些运动器具和娱乐设备，来满足孩子们的合理要求，增进他们的身心健康。这是第一点。

第二点，积极的鼓励比消极的制裁来得好。小孩子是喜欢鼓励的（青年也有这种倾向），一味地责罚，不一定能够制止他们坏的行为。比如有一个小孩喜欢在地上乱丢果壳字纸，有一次他偶然把地上的果壳字纸拾起来，丢到纸篓里去，老师趁此机会大大地鼓励他，他高兴得不得了，看人家把东西丢到地上，他就要去拾起来丢到适当的地方去。至于他自己的坏习惯，竟也就此革除了。

原则十三　从"空口说教"到"以身作则"

教师要训导学生，第一要建立起学生对自己的信仰，这信仰是从什么地方发生的呢？绝不是你用欺骗或权威所可以获得的，信仰是由学生对你的道德和学识的钦敬而来。言行不一的人，他的道德既已发生缺陷，本身德行既已有亏，安能为人师表？学生对他决无信仰。如果这样的人担任训导工作，即使他每天唇焦舌疲向学生演讲一大篇做人的道理，也毫无用处的。担任训导工作的人，必须自身保持高尚的道德，处处地方以身作则，才能成功。这是关于训育的最重要一点。

上面所谈的十三条训导原则，看来都很普通，但是离开了这些原则来谈训育问题，一定是难以成功的。

谈谈学校里的惩罚[①]

"学校里必须用惩罚吗？如其要用，应该怎样用法？"关于训育的理论，黄翼先生最近在《中华教育界》发表过一篇很好的文章，颇可供我们参考。这个问题是做教师的切身问题。我以为惩罚这一件事，在学校里面最好是不要用。从理想上说起来，学校如果办得完美，自然就用不到惩罚；但是学校不容易办得完美，惩罚一事，也就不能废除了。

现在学校里所施行的惩罚，既然是一种不得已而暂时使用的手段，那么使用的范围和使用的方法，就应当大大的限制，好好的审择。现在个人觉得惩罚在原则上须：

一、教儿童明了规则的意义

儿童本是天真烂漫的。他的所以犯过，不是迫于不得已，就是苦于不知道遵守规则的意义。所以第一条原则，就是要教儿童明了规则。新生入校之初，教师就应该把学校规则作详细的解释，使他们晓得什么应当做，什么不应当做。学生对于规则的意义既然明白，那自然就不会去犯了。

二、使儿童了解规则是公共应守的纪律

规则是群众相处的约法。教师不过是遵守规则的领导者；守规

---

① 本文原载《儿童教育》1934 年第六卷第一期。

则就是服从公众，教师不过是规则执行者而已。所以学生犯了过失，并不是不服从教师，乃是不服从共同的规则。教师学生对于这点有这样的了解，那许多误会许多弊病就可以免除了。

三、惩罚不得妨害儿童身体

惩罚是必不得已而使用的一种消极方法，使用的目的不过是刺激儿童教他们改过迁善，原意是为爱护儿童起见。如果妨害儿童的身体，岂不是就和本旨相悖了么？所以有妨儿童身心的惩罚方法，切不可使用。

四、惩罚不得侮辱儿童人格

儿童是没有一个不好的。不过他偶尔犯了过失，要被惩罚，目的是教他下次不要再犯。惩罚儿童，是惩罚他的过失，并不是惩罚他的人格。所以一方面惩戒儿童，一方面对于儿童的人格，还是要绝对的尊重才是。

五、惩罚不得妨害儿童学习

学校中常有"立壁角"、"面墙壁"、"站在门外"、"关夜学"这些罚则，还有罚学生抄书几遍，读书几次，甚至有罚学生停止户外运动的。这些办法都是妨害儿童的学习，违及惩戒的本旨，以不用为是。

六、在可能范围内须尽力顾全名誉

除不得已时切勿在大众前施行惩戒，以保全儿童的体面。

七、须鼓励儿童勇于改过引起他们的自爱

施行惩罚有几个先决问题。儿童犯过的动机，有时候完全出于好奇，有时候出于环境的压迫，有时候源于身体的缺陷。例如惠勃女士所讲的一个小孩子偷表的故事（见《儿童教育》第四卷第九期），完全是出于群众的压迫。又如有许多家庭里，贫苦得连灯火都点不起，或儿童放学回去还要助理家事，还有许多羸弱的儿童对于繁冗的功课实无力学习；所以对于这种儿童，当然不可把懒惰和不肯学习的罪名加在他们的身上。所以在施行惩罚之前，应当辨明：（一）犯过时之情形；（二）学生个性及实质；（三）学生之家庭。

至于惩罚，亦有几种方法几种步骤；因为过有轻重，性情亦各不相同，施行惩罚当然要有分别。据个人意见，除体罚是绝对不得施用外，下列各点是一种施行的步骤：

（一）友谊式的劝导。用积极方法暗示儿童从善改过。譬如儿童上课，忘记带他的练习簿或者其他必需的用品，教师就应该对他很和善地说："你今朝没有带来，想是忘记了，我想你下一次一定记得带来，决不会再忘记。"这种和蔼的态度和积极的暗示，儿童听了最容易受感动。

（二）命令式的警告。个别谈话晓以利害。如果第一步没有效验，就在房间里或者预备教室里作个别的私人谈话。说明上课时间为什么一定要带好练习簿和其他必需的用品。如果不带，就种种不便，对于课业就发生了影响，慎重地警告他，叫他下次切不可再忘记。

（三）揭示姓名。名誉惩戒。这一层办法比较严重。但是在没有查明儿童确系故犯之前，这一层办法还是不用。

（四）分座。剥夺与其他儿童共同工作的权利。用到这种惩罚方法，是最严重的了。儿童的心理，对于不能和同伴在一起活动是最难过的。这种刺激方法，最有效验。而且对于儿童学业，毫无妨害，可以应用，直至儿童觉悟，自行改过从善为止。

儿童训育应该怎样实施的[①]

亲爱的教师：

今天我来和你们谈谈，怎样实施儿童训育的问题。

空洞的标语，是没有效的。我曾经做过三个小小的试验，一个是在小学做的，一个是在幼稚园做的，一个是在师范做的。

一、小学的试验

有一天我对一个小学老师说，我们的小朋友，每天应当做几件事：

（一）我每天要做一件好事。

（二）我每天要读一点好书。

（三）我每天要说一句好话。

（四）我每天要认识五个字。

（五）我每天要写日记。

这五件事，事先由我对小朋友详细解释，后来小学老师叫他们逐条写在纸上，并且作为标语，有的挂在墙上，有的钉在柱子上。

过了几个礼拜，纸条破了，小学老师就叫小朋友把纸条撕下来丢在字纸篓里，标语式的训育，从此完了。

亲爱的教师，这种标语式的训育，有多大效用呢？我仔细考察了一下，单单讲讲是不够的，贴贴标语，也是空洞的。

---

① 本文原载《活教育》1941 年第一卷第三期。

二、幼稚园的试验

从前我在南京鼓楼幼稚园的时候，做了一个调查，调查的结果，正可以证明空洞的标语、挂图、画图是没有多大用处的。

在幼稚园里，墙壁上挂了许多美丽的图画和照片。挂了一个多月，我就发生了疑问，这些画片究竟有多大用处呢？我们花了许多钱，费了许多力，把它们一张一张地配上镜框，一个一个地挂在墙上，小孩子究竟有没有看见？看见了究竟知道不知道？知道了究竟知道了多少？我就对幼稚园的老师说："我们来做一个调查，你先把镜框一起翻过来，再叫小朋友来，一个一个问他们这里面是什么图？"老师就一张一张地问小朋友。结果小朋友之中，没有一个完全知道的，只有十分之一二的小朋友，能够记得几张图而已。

调查之后，我就叫幼稚园老师，把这些图画照片详详细细地讲给他们听。过了几星期，再一张一张地问小朋友，结果小朋友就能够记得这些是什么图，而且知道图中的意思，虽然是没有完全知道，但是比上次没有讲过前好得多了。

这次调查，可惜没有发表过。而当时所得到的统计，现在已经遗失了，但是大概的情形是如此的。

这个调查，可以证明单是悬挂图、照片是没有效用的，一定要和小朋友详细解说的。

图画照片固然可以用解说的方法，来使儿童明了的，但是标语的用意是在乎做，在乎行动，单是讲讲解说是不够的。所以像小学里，讲过的标语，而没有方法使儿童表现于行动，仍旧是没有效用的。

三、师范的试验

上学期我在幼稚师范里，采用了另外一种方式，来实施训育。

有一天（12月2日，星期一），我向学生提出日行一善的信条，先把信条的善处详细地说明。什么叫善？凡是有益于人的事都是善，帮助别人固然是善事；在地上看见纸屑就拾在字纸篓里，也是善事；把路中的一块石头拾掉，也是善事；就是说一句好话，使别人快乐，也是善事。说了之后，我要学生郑重地宣誓。

为什么要郑重宣誓呢？"日行一善"不是一件容易做到的事。随随便便宣了一个誓，那所得到的效果必定等于零。而等于零的效果，反而增加了学生作谎的机会和养成学生敷衍了事的恶习惯。

宣誓不应随便，所以宣誓一定要很郑重。

当时我曾拟了三种宣誓的誓言：

（一）我愿从今天起，每天至少做一件有益于人的好事。

（二）我立志从今天起，每天至少做一件有益于人的好事。

（三）我立志从今日起，日行一善。

第二种比第一种好，因为"立志"比"愿"来得有力，对于宣誓更加适宜，第三种来得简括，学生一致赞成采用。在未宣誓之前，我再三郑重地说："不愿立志日行一善的，千万不要举手宣誓，凡是宣誓的，必定要遵守誓言。日行一善，每天把所行的善事，记在一本日行一善录上面，每星期交给导师考察。宣誓以后，各人还要在我的日记簿上签一个名，以留纪念。"

说了以后，就郑重宣誓，然后，到我的办公室里来签名。

一星期后，各位导师考核他们的记录，下面就是他们的记录举例：

十二月二日　星期一　晴　夏宗欧

从今天起我立志日行一善。

怪不舒服的，晒着衣服的绳垂在地上。本来地上有一根木头顶住的，不致使刚洗的衣服拖上泥土，然而那一根木头，不知是被哪一个弄倒了。我感到垂在地上的衣服，一定干得很慢，所以我就把倒下的木头重新竖起，这样使衣服的主人早点折着干的衣服。

十二月三日　星期二　晴　熊秀舫

下午一时，我到树林里去走一走，看见一个五十来岁的老太婆，拿着一把竹齿耙在树下耙木柴。那老太婆身体很衰弱，耙几下，呼几下大气。我看见这种情形，就连忙过去，帮着她耙了很多，后来一位少妇来，把那些木柴扛去了。我望望她们的背影心中有说不出的快乐。

十二月四日　星期三　晴　龚韫慧

在路上看见一块手帕，我不知道是哪位同学的，便拾了起来，连声喊道是谁的，前面有一位同学听见了，回头看见说道："是我的。"便跑过来接了去，并说："谢谢你！"我也说："不客气！"

十二月五日　星期四　王舜琴

午饭后，到阅览室去阅读报纸，见报纸乱得不成样，东一张西一份，我就按照了日期将它们整理好。

教师每星期考察一次，而且要加以评语，使得学生知道他们的日行一善录是曾经有老师看过的。

这种考核，究竟做到什么时候为止呢？要等到学生养成日行一善的习惯为止，考核的时候，要注意到学生的作假，倘使作了假，那比不宣誓、不做还坏，所以你一定要郑重地对学生声明。假定一天之中，没有做什么有益于人的事，那最好声明没有做，千万不要随意乱写，以博教师的欢心。教师也应当把学生所做的善事，加以一番证实，务须免除作假的弊病。

总起来说：

第一点，我们要注意的，训育不仅是知识的问题，而且是一种行为的问题。既是行为的问题，你一定要使学生把行为变成习惯，才可以放手。

第二点，你要使行为变成习惯，你必定要在学生的心境中引起热烈的情绪，战胜那种行为所遇的困难。就以日行一善来说，要一个小孩子从利己的观点转移到利人的思想，那是在他的生活中一件最大困难的事。你不能轻易地叫他战胜这种大的困难，要他轻易地改变他的思想，改造他做人的习惯，若没有热烈的情绪、高尚的思想、坚定的意志，绝不能达到目的。所以当时我叫学生郑重地宣誓，在我的日记簿上签名留念，以表示决心。

第三点，习惯的养成，不是短期可以做到的。所以你要常常注意，时时留心，务使行动不要有例外，不要中断间断，以达到自然而然的地步。

第四点，要维持兴趣，比赛是一个好的方法。怎样比赛呢？同自己的成绩比赛，同别人的成绩比赛。与自己的成绩比赛当然比与别人的成绩比赛来得妥当，比赛的结果，最好有一种具体的表示。什么统计图，什么挂图，都可以利用的。

小孩子应当在群众中在集体中成长起来①

一天，友人丁某夫妇，带了一个很可爱的 5 岁的男孩子来看我，问我是让他进幼儿园好呢，还是在家里由母亲教他好。

我问："这是你们第几个小孩子？"

丁妻说："是第三个小孩子，第一个小的时候就死了。第二个是小产。我们结婚 20 多年，现在只有这个小孩子。"

我问："你怎样教养他呢？"

丁妻说："一切饮食起居，我们都很当心，他到今天还没有吃过肉。牛奶、鸡蛋、水果，那是天天吃的。在家里，我没有什么事情做，所以我教他认字，他现在已经认得 400 多字了。他不大喜欢玩，他最喜欢看书，至于饮食，我们非常当心，我们也不让他随便同龌龊的环境相接触，因此他就没有生过什么病，身体是很强壮的。"

我对这小孩子的面孔一看，就看出他的眼睛是"斗鸡眼"，我就问他的父亲说："这孩子的眼睛怎么会斗的，有没有去看医生？"

丁说："他的眼睛从小就斗的，大概是他小的时候，盯着眼睛看东西看坏的。我们没有给他医治，现在比以前好得多了。"

我说："今天有几个问题，我们要来讨论一下。第一，'斗鸡眼'我们一定要想方法把他弄好。我劝你赶快请医生替他配一副眼镜，把视力矫正好。戴到相当的时间，把眼镜再拿下来，这是你急需要做的。第二个问题，是认字的问题。这种方块字的教法是不相宜的，我们应当教他看浅近的儿童故事书，他现在已经认得这许多

---

① 本文原载《活教育》1950 年第六卷第四期《父母咨询所》栏。

字了，就可以慢慢地教他看故事书。开始的时候，最好你同他一同看，他有不懂的地方，你随时可以教他。方块字是没有联系，是没有多大的意思的。第三个问题，你说究竟要不要送他到幼稚园里去呢？还是在家里你自己教他好？这个问题，是很容易解答的。没有一个小孩子不喜欢同别的小朋友玩的，也没有一个小孩子在没有伴侣的时候，不觉得寂寞的。可以说，最可怜的小孩子，就是没有伴侣的小孩子。到幼稚园里去，他就可以得到精神上的伴侣，他一定比在家里快乐得多。这为什么呢？小孩子玩，要有伴侣一同玩，要同别的小孩子对话，不但如此，小孩子间可以互相刺激，互相学习。你担心把小孩子送出家庭就会沾染许多坏的习气，不如留在家里，同其他孩子隔离。这里让我用一个例子来说明。第二野战军司令员刘伯承，当年在老解放区时，特地把他的小孩子送到农村的小学去读书。有人问他说：'你为什么不把孩子送到城里的学校去？农村的环境脏，农村孩子有各种坏的习惯，城里的条件好。'刘司令员说：'我要我的孩子认识劳苦大众，我要他们自己觉得和工农一样。衣服脏点，手和面孔沾点烂泥，这有什么关系呢？'这个例子是很有意思的。我们要让孩子在群众中、在集体中成长起来，培养他们好的思想品德。不要把他们留在家里，应当把他们送到幼稚园去。"

怎样矫正学生的过失 [1]

训育难于教育，人格重于知识。现在中国教育的弊病确在于我们只顾到教书上课，注重知识的灌输。人格的培养，竟加以忽略。

有时候，常常订了许多学生犯过的规则来束缚学生的行动与自由。这种学校自以为管教认真，办学有方，而社会一般家长也以为学校应当这样办理的。有时候学生犯了过失，不问其犯过的原因，一味把他"关夜学"，"站壁角"，甚至于"关暗室"。所定的规则都以消极为原则。如不准赌博，不准吸烟，不准打人，不准骂人，不准随地吐痰等等。倘有故违，轻则记过，重则开除。开除学生的学籍，是多么严重的一桩事！试问开除学籍是否能解决学生犯过的问题？开除学籍于学校固为得计，奈于学生本人何？我们应该用种种方法来教导学生，使他们乐于为善，勇于改进。

我们要问学校的环境是不是适宜于儿童的教学？我们要问学校有没有相当的教学设施？有没有相当的教学机会来满足儿童的需要，来发展儿童的身心？

从前有一个学校，学生非常顽皮，常常用弹豆在暗中弹击老师，学校当局无法处置。有一天有一个教育家去参观，居然也吃了几颗豆弹。当时校长在旁，很难为情。但是这位教育家却并不惊奇，反与校长讨论怎样利用学生正当的尚武精神。

隔了几天，这位教育家到校讲演，对于"吃弹"的事一字不提，却带了几副弓箭特地教学生们怎样射箭的方法，学生们都争先恐后地去学习。从此以后学生们每在课余之暇，就去练习射箭，对

---

① 本文原载《小学教师》1939 年第一卷第一期。

于弹豆游戏在无形中就消失了。

这个例子可以证明学生要有相当活动的机会，才能发挥相当的能力，培养相当的人格。我们知道游戏——运动——有时候比读书还要重要呢！

游戏可以锻炼身体，增强智力，大概都晓得的。但最重要的还是在培养人格。这一点很少人注意到的，游戏中包含着许多做人的道理。游戏——运动——要做得好，必需要合作，要牺牲，要公平，要诚实。

英国人常常自负地说："英国立国的精神是在运动场上培养的。"这句话看看没有多大关系，实则是很有道理的，就是说，"运动能培养道德"。

我们回想到学校当局因学生做了不法游戏，如在路上赌钱加以开除，这是不对的。

我们对于学生训育问题，不应当用消极的方法来取缔学生的行动，应当用积极的方法去鼓励他们教导他们。欧美学校先生对于教育学生，很少用"不要"（don't）或"不许"，而以"做"（do）来代替。比如不说"纸屑不应随地乱抛"，而说"纸屑投入纸篓"，这就是叫学生去"做"，不是单单把"禁止乱抛纸屑"的标语，贴在墙壁上就算了事的。

这种教法是训育上一个大大的转变，希望国内从事教育的人们，加以特别的注意！

怎样训练学生的礼貌[①]

有的学校，早晨师生相见时，不行礼。上课时，教师走进教室，级长喊"一"，全体起立；教师走到讲台前，级长喊"二"，全体学生向教师行一鞠躬礼（教师向学生答礼）；礼毕，级长喊"三"，全体学生就座，教师开始教学。这样教室里的礼貌，似乎太机械、太呆板了。

有的学校，上课时，学生喊"起"，"礼"，"坐"。有的喊"立正"，"行礼"，"坐下"。这些，都和上面一样的呆板。

我所订的教室里面的礼貌和平常时候的礼貌，比较得要自然得多。且在工部局各小学施行多年颇切实际。兹录于下，以供阅者参考。

一、教室里面的礼貌

（一）上课前，教师站在教室门口招呼学生进教室。

教师一进教室，学生立刻全体起立。教师走到学生对面，学生向教师行礼（教师也向学生答礼）。行礼后，学生就座。

（二）迟到的学生，要向教师行礼，并且要叫一声"某先生"。

（三）早退的学生，要向教师请假，教师许可后，才可以出教室。

（四）学生发问或答问，先向教师举起右手，教师许可后，再站起来说。

---

① 本文原载《小学教师》1939 年第一卷第一期。

（五）如有参观人进教室，教师未介绍之前，学生对参观人，不必有何表示（排队进行时，遇见参观人不打招呼）。

（六）教师对于参观人有所介绍，学生须起立向参观人行礼。

（七）下课时，教师说："下课"。学生要把课上用品收拾好，椅子放好，然后起立向教师行礼（教师也向学生答礼）。

（八）下课时，学生依次退出教室，教师最后退出教室（高年级教师可先出教室）。

二、平常时候的礼貌

（一）学生与教师，每天上午第一次相见时，要互相行礼。学生说："先生早！"教师说："小朋友早！"或"某某早！"（某某指学生的姓名。）

（二）学生与教师，每天下午第一次相见时，行礼与早上同。学生说"先生好！"教师说"小朋友好！"或"某某好！"

（三）同学每天上午相见时，互相行礼，并说："某某早！""某某好！"

（四）进别人的屋子（如寝室、办公室、教室等），要轻轻地敲门，没有得到允许，不随便进去。

（五）对人家说话，要清晰温雅；说的时候，要留心不喷唾沫。

（六）希望人家帮助，要说"请"；人家帮助我或我受了人家的赠品，要说"谢谢"；我得罪了人家，要说"对不起"。

（七）不私自开看人家的信札、包裹或抽屉。

（八）不在人家面前打呵欠、喷嚏或咳嗽，如不得已时，要用手帕按着口鼻，把头转向外面。

三、怎样训练学生的礼貌

下面的办法，可供参考。

（一）调查全校学生，谁有礼貌，谁没有礼貌，同时向学生说明，有礼貌的和没有礼貌的分别。

（二）指导学生练习礼貌的行动和态度。

（三）教师可用讲故事的方法，向学生讲述有礼貌的好处。

（四）指示学生，无论在家在路上或在学校，一定要有礼貌。

（五）考查学生是否有礼貌，如看见没有礼貌的学生，要随时加以训练指导。

学校与家庭怎样联络[①]

现在的小学校与学生家庭太隔阂，在小学里有很多教师教一级学生，自学生入学教起，教到毕业，从没有看见过学生的家长。学校里的一切设施、教学、训导等实际情形，有很多学生家长毫不知道。这样，下面的困难便很容易发生了。

（一）有的学生家长对于学校教育毫不关心。学生如有不良行为，教师希望家长帮助督促改进的，就不容易做到。学生的身体如有不健康或营养不良的现象，教师希望家长注意学生睡眠充足与饮食调养，也很难做到。学生的课业，如果教师指定学生在家自修的，那更不容易得到家长的督促了。

（二）有的学生家长对于学校教育，缺少信仰。对学生在校所学的功课，有些家长表示怀疑，学生每天回家后，家长另请教师修习其他功课。学生在校参加疾病预防或参加社会活动，家长表示反对，替学生临时请假。这样，不但使学生进退两难，学校教育，也无从进行了。

（三）有的学校教师对于教学方法，过于主观。教师指定繁重的功课，教学生在家自修，有些能力较差的学生，往往要做到夜深12时以后，才能做完，因此学生身体日渐瘦弱。家长见了这种情形，心有不忍，便不许学生夜间读书写字。学生告诉教师，家中不准自修，教师并不反省自己的过失，也不征询家长的意见，便误会家长不谅解教师的苦心。

学校与家庭怎样才可免除上述的隔阂与困难？换句话说，学校

[①] 本文原载《小学教师》1939 年第一卷第三期。

与家庭怎样联络？一般学校联络家庭的方法很多，如恳亲会，家长谈话会，家庭通讯等；这些在家庭联络方面，都有相当的成效。不过教师与家长，终少谋面的机会，终难彻底的免除隔阂与困难。最好由教师与家长共同组织一个团体，来施行学校与家庭的联络事宜，较为切实有效。这个团体名称可叫教师家长会。

（一）教师家长会。教师家长会的意义，一方面是研究学生的学业，改进学生的生活；另一方面是联络教师与家长双方的感情。

教师家长会的产生，最好由教师发起，函请家长加入，较为便利。

教师家长会的组织，开始时人数不必过多，最好先请对于儿童教育富有研究兴趣的家长入会，然后再逐渐扩充，易收实效。

组织的方法，可分研究与娱乐两部。研究部的研究事项，如调查家庭状况，研究家庭教育与学校教育等。娱乐部的工作事项，如各种娱乐集会——联谊会、参观团等的组织与进行。

有些家长未曾受过教育，对于上述的集会恐未必参加，最好另行组织，分别举行。并采小先生制，使不识字的家长在短期内均能达到国民基础教育的水平。

教师家长会的办法已如上所述，不过有些家长，因职务关系，终年无暇走进学校大门。补救的办法，可施行家庭访问。

（二）家庭访问。家庭访问可由教师与校长共同担任。普通的情形，由教师访问；特殊的由校长访问。每一学期中凡未与教师谋面的家长，至少要访问一次。

家庭访问时，除与学生家长商谈偶发事项外，应注意下列各点：1. 报告学生在校学习的勤惰；2. 询问学生在家生活的情形；3. 报告学校实施的方法；4. 询问家长对于学校各科教材及教法的意见；5. 询问家长对于管理或训导及课外活动各方面的意见；6. 观察家庭教育的实际情形。

家庭访问时，教师应请求家长注意三点：1. 家长应当帮助学校做事；2. 家长应与学校共同研究儿童教育；3. 家长应时常到学校来参观。

一个问题儿童①

有一天，有一位母亲跑来问我，要我替她解决关于她的小孩子的问题。

这个母亲有两个男孩子，大的叫志定，小的叫志强，弟兄两人，同在上海某小学读书。哥哥已在六年级，成绩很不差。弟弟在四年级，但不大肯读书，他只喜欢玩什么电线啦，什么无线电啦，他还喜欢种花。志定不论在家里，或是在学校里，总是喜欢看书，很听话，功课做得很好。老师叫他背书默书，他都会默，都会背。志强总是不听老师的话，不肯看书，上课时总和别的小孩子吵，和别的小孩子玩。一回到家，从来不肯拿书来看，老是到户外去找旁的小孩子玩这样玩那样的。这位母亲要我给她解决的问题就是：志强这个孩子应当怎样教？

我说：问题不在志强而是在志定。志定是很听话，他肯背书、默书，老师要他做这样，他就做这样，要他做那样，他就做那样，既不活动，又不好动，这是一个书呆子，不像一个天真活泼的儿童。志强的兴趣，不在乎读死书，他学校里所施行的教法以及所用的书本，不能满足他的好动心，更不能满足他的求知欲。要满足他的求知欲，要满足他的兴趣，有几种办法：一种办法是把他换一个学校，一个不读死书的学校，这个学校允许他活动，允许他创作，这是个好的办法。第二个办法，若是学校一时不能够换，就在家里给他各种设备，请人来教他，或者由父亲来指导他。他不喜欢看书，实际上是他不喜欢看那与他无关的书。假使他喜欢玩电，你就

---

① 本文原载《活教育》1950 年第六卷第二期《父母咨询所》栏。

可以给他关于电学的书籍，像安迪生的故事，等等。或者他喜欢花，就给他关于花卉的书，但是单单看看书是没有用处的，你先得要给他做。你买一点关于电的东西，如电池、电线等等，和种种必须有的工具。你应该尽量让他玩，他一定兴趣很浓厚的，你大概记得安迪生的故事，安迪生的老师不了解安迪生，说他是"傻瓜"，没有用，但是他母亲很了解他，就让他在家里自由活动，并且让他做各种试验。安迪生之所以能成为大发明家，未始不是当年他母亲教育他的功劳。所以志强也许是中国的安迪生。至于志定，我就不敢说了。不好动，单单死读书，恐怕没有什么用处的，你应当特别注意志定的健康，你也要顾到他读书的问题。他在学校里死读书，呆读书，脱离实际，不从实际出发，在将来的社会上是没有多大用处的，要为人民服务也是不大可能的。

第五章

小学教师实用技巧

怎样管理教室[①]

关于教室的管理可以分两方面来讲：第一，是物资的管理。第二，是人事的处理。现在我来分别约略讲一点。

一、物资的管理

（一）课桌椅应怎样排列？旧式的课桌椅排列法，总是面对着老师的。这种排列法是讲演式的，还是古代遗传下来的。11 世纪的教堂中，牧师讲道一定有一座讲坛。我小的时候，教师们教书也是坐在讲坛上的。现在虽然不大有讲坛了，但是学生的面孔总还是统统对着老师，听老师讲，这种课桌椅的排列法，只适于呆板的讲演式的教学，换句话说，只适于注入式的死教学，是很不好的。

在讲到课桌椅的排列时，我们当然还要注意到课桌椅的好坏和适度不适度。怎样的课桌椅才算是好的？怎样的课桌椅才算是适度的呢？这里有一个简单的标准：课桌椅要多高呢？要小孩子坐着把手放到课桌上去时，肩部用不着使很大的力。椅子要怎样才舒适呢？要坐着时，人的腿和椅子腿成平行，椅背的高度刚到肋下，并且要向后斜，不过高也不过低。

课桌椅适度了，排列得合适了，对于儿童的健康和教学的效率有很大的帮助。

到底怎样的排列最妥善呢？顶好排成一组一组，一个教室里面可分三四组。这种排列有些什么好处呢？旧式的排列，是学生只和

---

① 本文原载《活教育理论与实施》，1946 年 12 月由上海华华书店出版。

教师发生关系，现在的排列法是不但学生可和教师发生关系，也可以和别的学生发生关系，可以从事小组讨论，对于复式教学尤大有贡献，不致影响别组的工作进行。这种排法，利于学生自由讨论，利于学生自由研究，所以不是那种讲演式的排列法所能比拟的。

至于幼稚园的桌椅，可以排成半圆形，如果用不到椅子时，我们尽可把它移开。

（二）教室中应当注意的几点：每天早晨没有上课以前，教师应当先到教室去看一次，桌椅排列得是否整齐，黑板是否擦得干净，地板是否扫得清洁，都应当注意。如果没有弄好，应当先弄好了再上课，必须干干净净，整整齐齐，才能使儿童养成一种心理上的清洁状态。当然这种事情，照理应当由学生自己来负责。教室里没有人的时候，窗户应该关好，每星期至少要大扫除一次。我记得在南京的时候，有一次到某师范去参观，那师范已经办了 20 多年，很有声誉，照理应当很合理想的。哪知我去参观的时候，看见教室里椅子铰链大都已经弄坏了，抽屉板也有脱落了。当时我一看这情形，就断定这校长一定是从来不到教室去的，像这种教育我们无以名之，还不如称为"反教育"来得恰当。

一个负责任尽职守的教师，必须最后离开教室。他应当指导值日儿童把椅子沿边揩抹得干干净净，把地板拖得清清洁洁，黑板揩得漆黑，墙壁刷得雪白，窗户应开的开，应闭的闭，决不随随便便，马马虎虎，弄得杂乱无章，不堪插足。至于扫帚、拖把、簸箕、粉笔，都应收藏在一定的地方，免得把教室弄得不雅观，或者要用的时候一下子找不到。字纸篓可以放在不惹人注意的角落里，墙壁可以常常带小学生去粉刷，因为你越是让小孩子自己做，便越可以使他们自己知道爱护。

上面所说的是一些简单的教室管理方法，现在再就人事的处理方面来谈谈。

二、人事的处理

所谓人事的处理，就是指如何管理儿童。这个问题比物资的管理当然复杂些，困难些，因为小孩子是活的，不比得那些没有生命的东西，可以随便支配。

我们管理小孩子，通常用一种教室常规。

讲到教室常规，让我们先来研究进教室的时候到底应当学生先进去呢，还是教师先进去？普通都是学生先进去，然后等教师来了，再由学生喊"一二三！"或喊"敬礼"。以前我在外国的学校，看见教师先等在教室的门口，欢迎学生进去，然后再互相行礼，这样可以免得学生因等老师花掉许多时间。至于低年级和幼稚园就更好了，他们对老师致敬的时候，嘴里说着"老师早！"老师呢，就回答他们说："小朋友早！"这样致敬的时候，在心理上似乎较亲切得多，因为教师和学生的关系是应建筑在爱和关切之上的。如果只有喊"一二三！""起立，敬礼"这样似乎太拘泥于形式了，况且我们必须有一个学习原则：就是我们在校中学的，是准备将来到社会上去用的。喊"一二三！"或"敬礼，礼毕！"当然没有说"老师早，老师好"来得有意思。或者我们可以试行一种办法，就是在低年级我们不妨喊"一二三！"或"起立敬礼"，待至礼貌的习惯已经养成了，到中年级和高年级的时候，就不必喊什么"一二三"了。

我们如果要秩序好，当然教学生先排队进教室来得妥当，不过排队的时候，要不要老师带他们呢？依照培养学生自动能力的原则，应当让学生自己来整队。但是在起初，学生还没有排得迅速整齐的时候，老师自然应当帮助他们；等到习惯养成了，没有教师也可以排得一样快一样齐了，那么老师可以先在教室等，让学生鱼贯而进，各就自己的座位，与老师互致敬礼。

在教室中学生发言，普通都是受限制的。固然学生如果乱发言，会把教室弄得嚣闹不堪，那不但不像样，而且会妨碍教学，所以自应有相当的限制。如普通的学校学生发言，必须先举手，得到教师的许可，才可以站起来说话。不过这样的办法，有时是否也会影响到小孩子的发言兴趣呢？很值得我们研究。假如一个问题讨论得很热烈，很起劲，但是每个学生发言都须先经过这种讨厌的举手和征求教师同意的手续，那么，不是太呆板了吗？所以我的意思，在这种情形下，可以不必太拘形式。不过我们当然也要注意在给学生自由发表机会之前，先要训练他们懂礼貌，就是在人家说话没有完毕之前，不可以随便插嘴，也不可以和别的同学争先发言，把教室闹得乱嘈嘈的，这一点很重要。

关于教室常规，还有许多牵扯到训育问题的，这里就略而不谈了。

怎样布置教室[①]

我曾经看见某些小学中，满壁都是标语挂图，什么新生活标语呀，什么卫生挂图呀，一股脑儿都贴着，上面蛛丝尘迹，估计它们的年龄，至少总在四五年以上。

这是一种布置。

我还看见一种布置，屋子里什么东西也没有，只有一个很小很小的总理遗像，两旁的旗也是小得不成样子。

这两种布置可说正是两个极端。一个太复杂，一个太简单，其实都是要不得的。到底怎样布置才算好呢？这倒是一个很值得研究的问题。现在我们先来讲一讲布置的东西。

拿什么东西来布置

布置的东西普通分为两种，一种是拿学生的作业成绩来布置，一种是拿自然物来布置。一般的布置，都是教师花了许多心血、许多时间来布置成功的，这可以说是教师的成绩，教师的成绩其实是不必要的，能够愈少就愈好。

拿学生的成绩来布置是很有意义的。不过学生的成绩是否应当全部陈列呢？依我看来，这是颇值得考虑的。我们知道陈列学生成绩的目的，是为了鼓励小孩子。鼓励这小孩子，也要鼓励那小孩子。如果把成绩不论好坏，一律陈列，是否会对那些成绩差的学生引起消极的作用，很值得我们注意。

---

① 本文原载《活教育理论与实施》，1946 年 12 月上海华华书店印行。

如果把学生的成绩个别地分别布置在教室里面，使小朋友可以得到自我比赛的机会，那是很有意义的。虽然他的成绩比别人差，但是他可以和自己的比较，发现他自己的成绩比昨天好，比昨天有进步，因而无形中得到了鼓励。像这样的布置，当然不是完全美术性的，主要的是含着鼓励的意义。所以每次将学生成绩布置出来的时候，应该比上一次好。这是我们所要注意的第一点。

　　其次，你一定要鼓励学生上进才有意思。我们如果把小朋友的成绩作为教室的布置物，这自然很可使他们高兴；不过我以为除了他们的成绩在教室中布置以外，还应当有一个专门的地方来揭示特别的成绩，什么特别的成绩呢？

　　（一）是指一班中最好的成绩。

　　（二）不是一班中最好的，但却是这个小朋友个人成绩中最好的。

　　揭示一班中最好的成绩，这当然是毫无疑义的。至于第二点，却尤有特殊的意义。因它可以显示出这个小朋友到底是进步得怎样快。小朋友的天资不同，愚笨的孩子无论他如何努力，当然总比不上聪明的，所以从教育的意义上看来，他的成绩的进步，比那种天资、环境两者都好的，更有意思，更值得我们鼓励。

　　当然拿学生成绩来布置，必须有一个时间的限制。要不然，一个月、两个月延长下去，失去了时间性，无论对于学生或参观者，都将失掉了布置的意义和价值。

　　现在我们再来说自然物的布置。关于自然物的布置，也许可以特别注重"美"。

　　自然现象，四时不同。如果依时令，利用每一时季中的特殊自然物来布置，可以使儿童认识各种不同的自然现象，这是很有意思的。不过我们用自然物来布置的时候，最好能设法使它改变原有的形状，这样可以更加别致，更加有趣。例如我们将萝卜有叶的一端切掉，中间挖一个孔，里面填进一些泥土，种豆子或葱。红的萝卜中间，长出碧绿的蕊芽，掩映成趣，何等好看！而且还可以让小朋友观察植物如何发芽，研究植物生长时的"向上性"和"向光性"，这种布置既可以美化环境，又可以研究自然，多么有意思。又如柏树的叶子我们可以拿来布置图案，先用浆糊画一只狮子，然后再以柏叶粘上去，就可以变成一只绿毛茸茸的狮子了。

到了秋天，有许多种树叶都变成了红色，极适于布置之用。使树叶保存它的色素，有一个方法，就是将蜡烛铺在叶上，上面放一张纸，用不十分热的熨斗隔纸来烫，叶上敷了一层薄蜡，叶中的水分就不易蒸发，也就不易改色了。如果拿红的、绿的、黄的树叶来布置故事的插图，那是非常新颖有趣的。总而言之，我们应随时利用自然环境。我记得有一次到一学校去的时候，看见他们用芦花来布置教室，非常好看。一个学校，如果有很好的自然环境那当更有办法，一年四季，喜欢用什么来布置就用什么，真所谓"取之不尽，用之不竭"。不过我们要时常更换，要叫小朋友轮流负责收集和布置，才更有意思。

像标语、挂图之类的东西，用得愈少愈好。我们知道标语、挂图是不应当完全当作装饰品用的，应当好好地利用，最好先挂一二张，由教师把其中的意义讲过一遍；过一个星期，再换别的。如果不换，小孩子就不会注意。教师不但要讲，而且要考核，教学生记下，否则就没有意思。

怎样才算好的布置

现在我再来讲怎样的布置才算好呢？

第一，布置时最好不用浆糊。用浆糊为什么不好呢？因为用了浆糊，东西就弄坏了。除了浆糊之外，钉头也应少用，墙上弄得一个洞，一个洞，你想多么难看。为避免墙壁损坏起见，可在墙上横钉两根木条，上边一根宽一点，下面一根狭一点，约莫3公分宽就可以了。高低应视年级而定。布置的东西可以用图钉钉在木条上，就不致损及墙壁了。

高度对于布置的适当与否有极大的关系，应以适合儿童的视线为标准。例如一框照相，打算给小朋友看的，就应当挂得低些，使儿童看的时候，不致要高仰脑袋，十分吃力。讲到挂的格式，中国的挂法都是"对称"的。"对称"固然是美的一个因素，但不是惟一的。美是两方面的，划一是美，参差也是美。美中必须有变化，在变化中有统一，在统一中有变化，这才融会贯通，达到纯美的境界。

所以，归结起来，好的布置其高度一定是适合儿童视线的。

第二，一定要顾到美的条件。

立体的布置和平面的布置

普通的布置都是平面的，但如果教室的空间容许的话，很可以做一种立体布置的尝试。当然这是需要让学生自己来设计和布置的。如果教室中设有天花板，很适用布置一个立体的天象图。说起这种天文的布置，我想起曾在苏联看见一个规模宏大惟妙惟肖的立体"天文世界"。那里有一个台，只要你一进去，就好像置身于一个真实的自然境界中：你可以看见一个和真的一样的天空，月亮如何的上来，如何的下去，星体如何的运动，都可以看得清清楚楚明明白白。像这样的天文布置，全世界有三处，一在柏林，一在芝加哥，还有一个就在莫斯科。在法国也有一个极好的天文布置，有蓝的天、发光的星、明亮的月，一切都像真的一样，就差不会动罢了。

在平面的布置中，壁画当然也可以占很重要的地位。我曾在奥国参观一所学校，看见走廊中有许多很好的壁画，都是用漆漆上去的，底下一层完全是幼稚生所画，非常别致。我还看见某一小学的各个教室，都有一种特别的设计。一间是蓝的，里面的墙壁、天花板、凳子、椅子，没有一样不是蓝的；一间是红的，那种红，不是刺目的深红，却是一种色彩柔和的红色，一切的教室设置都是红的；还有一间全是白的，一间全是绿的，每一间房子都是一个特别的颜色。像这样的布置当然是太贵族化了一些，即使在欧洲我也只看见这一所学校有这种布置。

布置时应注意的弊病

不论是平面的或是立体的布置，在原则上都应当注意经济的条件。

我们要注意钱不要花得太多，时间不要花得太多，不要教师自己来做，让学生们自己来设计，自己来布置，这才格外有意思。同时布置的东西不在乎多，而在于清楚。

我记得有一次，南京有一所学校花了 50 块钱来布置教室，准备用一学期。结果，每一个教室挂了许多红红绿绿的纸条，五花八门，望上去很不舒服。于此可见我们布置的东西要简单，宁可多更换几次。以普通的情形而论，小学的布置大概要比中学好一些，中学的布置大概比大学好一些；不过总还脱不了"为布置而布置"的观念。我以为布置不仅要"美"，还应当含有"教育"或"鼓励"的意义才好。所以，以学生的成绩来布置最为适当，最有意义。

在布置的时候，我们不但要"大处着手"，而且还要"小处着眼"。比如字纸篓应当注意不要放在门口边，使人一进教室门，就看见这讨厌的东西，应当放到隐蔽的地方去；桌椅上不可让小朋友随意乱画，或用刀子刻划；蜘蛛网和灰尘应当不让它存在。

说起蜘蛛网，我偶然想起它应否存在的问题。在一般的情形下说，有蜘蛛网，总是代表懒惰或肮脏的。不过在研究自然需要的时候，我们也不妨暂时故意让它存在。蜘蛛是一种很可爱的昆虫，我曾亲眼看见它很巧妙、很勇敢地捕捉比它强悍百倍的黄蜂和蚂蚁。而且它的特性是很可以教小朋友认识的，它整天整晚挂着，为了猎取它的食物，显示着极大的恒心，这是很能引起小朋友兴趣的。

户外的布置

现在我再来顺便谈谈户外的布置。户外的布置可以分做两种，一种是美术的，一种是科学的。美术方面可以利用自然界的各种东西。我们可以布置一个小动物园，养些兔子、鸽子、鸡、鸭、鹅、雁、野鸡、斑鸠之类的东西；还可以种些花卉，即使闲花野草，也可以增加无穷幽趣。各处弄得干干净净，如果道路上花生壳、纸屑、橘子皮满地，那当然是谈不上什么布置的。

科学方面的布置，则可以装备些观测气候的仪器，探察风向的"风标"，量雨的"蓄水器"，都是很适宜的。我们还可以用科学方法来装置一个小小的喷水泉，让小孩子研究水如何往上面流。我们应当常常研究用什么东西来布置一个优美的科学的环境。

除了上面所说的美术的和科学的两种布置以外，为适应时代的需要起见，我们当然还应该布置些有关时事的画片、简明的标语和其他不论平面或立体的东西，这是毫无疑问的。

眼睛的卫生[①]

看书的姿势：

1. 头要直，背要靠着椅背。

2. 书要用东西搁起，使头毋须下垂。

3. 书面与眼睛的距离须 14 英寸至 16 英寸之间，太近太远，都伤目力。近视眼与远视眼自然当作别论。

4. 不要尽管盯牢书看，看了一歇，应看看别的地方，使眼睛不致疲劳。

5. 看书时，光线应从背后或左边来的。

6. 眼睛要时常用硼砂水洗洗，使细菌灰沙无存足余地。

7. 目力要练习的，小孩子应常常到野外去看看远景，使眼肌得有运动的机会。

8. 书上的字体要大，五六号字体的书，切不可看。

9. 油光纸的书也不可看。

---

① 本文原载《儿童教育》1931 年第三卷第七期。

儿童的姿势[①]

世界上哪一个动物是能直立的？除了人之外，没有一个动物有直立的姿势。就是猩猩，最高等的动物，也不能如人一样立得笔直的。直立的姿势于人的见界、思想、胆量、气度有密切的关系。一个驼背的人，不看见天上的美丽云霞，不望见遥远的山明水秀，只是低着头，望着地，缩短视线，狭小胸襟而已。一个挺着胸直着背的人，能见得远，望得高，他的见解容易来得广阔。但是我们何以十人九驼呢？其原因何在？我已在《活教育》二期上所发表的标准课桌椅一文中约略说过，现在不用赘述了。兹将驼背与挺直的姿势做一个比较，以便教学而资校正。

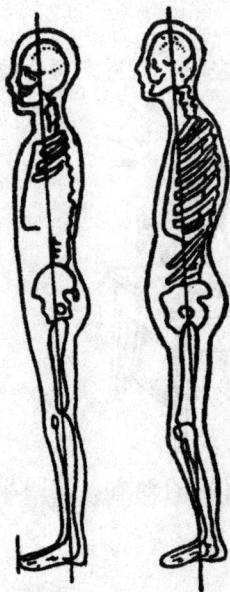

左图系从美国劳动部儿童司所出版的"姿势校正"一文中摘来的（*Posture Exercises*）。

最好的姿势

1. 头抬起，下颌往里

   （头平衡，正在肩上与腰部，脚髁成一齐线）；

2. 挺胸；

3. 腹部往内面平直；

4. 背的曲线稍弯曲。

---

① 本文原载《活教育》1941年第一卷第三期。

好的姿势

1. 头稍微往前倾；

2. 胸部稍微挺起一点；

3. 腹部往内，但不平直；

4. 背部的曲线，稍微有点弯曲。

不好的姿势

1. 头往前倾；

2. 胸部缩小往内抑进；

3. 腹部放松并往外突出；

4. 背的曲线格外弯曲。

坏的姿势

1. 头部更加往前倾；

2. 胸部缩小，完全往内抑进；

3. 腹部完全放松，往外突出；

4. 背完全驼了。

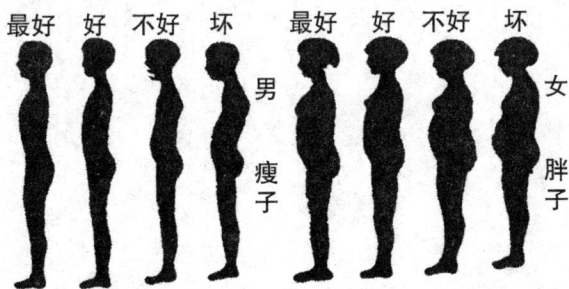

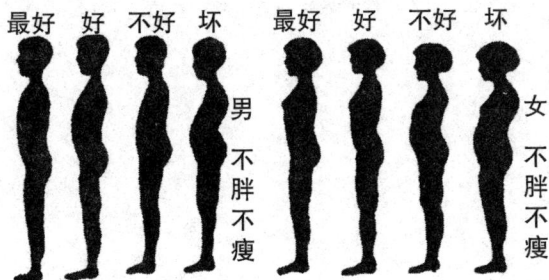

第六章
实施活教育的原则①

---

① 活教育十七条教学原则曾分别发表在《活教育》月刊各卷，1948 年汇编成集，由上海华华书店出版。

凡是儿童自己能够做的，应当让他自己做

没有一个儿童不好动，也没有一个儿童不喜欢自己做。6 个月的小孩子，看见桌上有红的橘子，一定要伸着手来拿拿看。

1 岁的小孩子，刚刚学走的时候，他一定要沿着椅子桌子自己走。你若抱了他，不让他走，他会挣扎，一定要下去。

1 岁半的小孩子，他要自己吃饭，他要拿着汤匙，装着饭菜，放进嘴里。假如你要喂他，把他的汤匙拿去，他一定会挣扎。你若勉强地把饭放在他嘴里，他会把饭吐出来，张着嘴巴，号啕大哭呢！

这是什么缘故呢？他若自己动手，自己吃饭，可以得着肌肉运动的快感。嘴巴也得着相当的滋味，即使汤匙拿得不稳，饭菜装得不牢掉在桌上、身上，但这是一种练习的好机会。他已经会做了，我们应当让他自己做，虽然做得不是很好，但是于整个学习看起来，没有多大的关系。况且初次的失败，是必经的步骤。我们应当让他自己去学习去试验，不做不试验，他就学不会了。

我曾经在北京看见一个 10 岁的独生子，衣服要别人给他穿的；饭要别人喂给他吃的；走进走出，还要人跟着他。你看这个小孩子，因为没有得着练习的机会，已经失掉了活动的能力。

在学校里的一切活动，凡是儿童自己能够做的，应当让他自己做，做了就与事物发生直接的接触，就得着直接的经验，就知道做事的困难，就认识事物的性质。

要知道做事的兴趣，愈做愈浓，做事的能力，愈做愈强。

这种情形，不仅儿童是如此，中学生也是这样的。去年实验幼师在荒山上建立的时候，许多工作都是由一百多个女生自己动手来做的，这些女生，虽然不是过惯养尊处优的那种悠闲的生活，却不是劳动惯的。记得当初筑路的时候，学生的兴趣虽然是很好的，但

她们的工作却进行得很慢，锄头拿不动，铁耙提不起，就是提起来挖下去，土也挖得不深。有的手上还会擦破了皮，肿起了泡，有的到晚间，睡在床上，两腿觉得酸痛，哼哼叫苦呢！这是什么缘故呢？因为她们没有做惯，所以开始的时候，一动就觉得很累。

几个月之后，手起茧了，力气大了，锄头也觉得轻了，筑路的技术也高明得多了，筑路的兴趣也格外浓厚了。

不但筑路是如此，编草也是如此，烧饭也是如此。不仅仅劳动是如此，一切的活动都是如此。

"做"这个原则，是教学的基本原则，一切的学习，不论是肌肉的，不论是感觉的，不论是神经的，都要靠"做"的。不看花卉，不能欣赏花卉的美丽，不听音乐，不能欣赏音乐的感染力，不尝甜酸苦辣，哪会知道甜酸苦辣的味儿呢？不是胼手胝足，哪会知道"粒粒皆辛苦"呢！

所以凡是学生能够自己做的，你应该让他自己做。

凡是儿童自己能够想的，应当让他自己想

一切教学，不仅仅在做上打基础，也应当在思想上做工夫。我这里要声明的，就是思想照行为心理学说来，原是一种动作。不过为一般人的了解起见，我们不妨把思想和动作分开来说。

最危险的，就是儿童没有思考的机会。我们人一天到晚所做的事情，所有的活动，十之八九都是习惯。早上起来，穿衣服是习惯，吃饭是习惯，走路是习惯，写字是习惯，运动是习惯，睡眠是习惯，一切的一切，都受习惯的支配，思考的时间却是很少。

在学校里读书，教师在教室里对学生讲，学生望着教师竖着耳朵听。好一点的，教师在黑板上写写，学生在抄本上记记，要思考的是老师，儿童不过听听、看看、写写罢了。

这种注入式的教学法，用不着儿童思考的。但要知道思考是行动之母，思考没有受过锻炼，行动就等于盲动，流于妄动。

有一天，一个9岁的小孩子问我："竹管里有空气吗？如果有的，怎样会进去的？"这个问题是多么好。我们应当怎样鼓励他去想出种种的方法，来解决这个有意义的问题？那时我也答不出来，想了几天，我就同他共同来研究这个问题。

我们预备了一根两端有节的竹管和一桶水、一个钻子。我先把竹管放在水里问他："假使竹管里没有空气，我把竹管钻一个洞，你留心看水会怎么样？假使竹管里有空气，你想有什么东西会从竹管里出来？"问了以后，我就在节上钻了一个洞，一个一个的小泡从小洞中钻出来了。他看见了小泡，就喊起来说："空气！空气！"

这个小小的实验，证明竹子里是有空气，小孩子自己亲眼看见的。这个实验，假使小孩子大一点的话，应当自己去想出来，不过因为他年龄太小，一时想不出，所以我同他一起做。等到小泡泡一

出来，他就想到这是空气。这一点我们可以不必告诉他，泡泡就是空气。假使连这一点我们都要告诉他，那这种实验，就没有多大意义了。

过了一年后，他在学校里，也做这个实验，老师问他说："空气怎样进去的?"他就能够回答说："竹管里有空气，从小就有的，有什么证据呢? 我看见竹子里面有水，有水就有空气，因为水里是有空气的。还有，水能够进去，空气也能进去的。"这个 10 岁的小孩子一年的工夫，能够有这种思想，这种理解，那将来当未可限量。这个小孩子在 9 岁以前，已经能够自动地思想。做父母的做教师的，也能够鼓励他思想，所以到今天，他的思想比十五六岁的孩子还要来得深刻呢!

这不过是一个例子而已，举凡在学校里面各种的活动，各种的教学，你都不应该直接去告诉他种种的结果，应当让儿童自己去实验，去思想，去求结果。

他的方法不一定对，他的思想不一定正确，他所获得的结果不一定满意;我们教师的责任，是在从旁指导儿童，怎样研究，怎样思想。越俎代庖，是教学中的大错。直接经验，自己思想，是学习中的惟一门径。

你要儿童怎样做，就应当教儿童怎样学

在陆地上学游泳，是没有多大用处的。儿童尽管在陆地上日夜练习游泳，一到水里，还是要溺死的。你要儿童游水，你一定要在水里教他学；而且要他自己也实地到水里去，否则，光是你游泳给他看是没有用处的。

学生不论男女，应当会烧饭。单单在教室里讲饭怎样煮，菜怎样烧，鱼怎样煎，肉怎样煨，虽然讲得津津有味，学生听得垂涎三尺，但是到了厨房里，学生还是不会烧饭的，饭还是要烧焦，菜还是烧不出味来。你要学生烧饭，你一定要给他一个适当的设备，相当的机会，让他自己动手学习的。

你要儿童说话说得很得体，做人做得很好，你要他处世接物都很得当，你一定要使他在适当的环境之内得到相当的学习。

鼓励儿童去发现他自己的世界

学校里所学的实在是很少，即使老师拼命地注入、填塞，而儿童所学的东西，还是不够应用的；况且所填塞的东西，都不容易消化，不容易理解，吃了进去，也是如同吞枣，而和学问的修养，仍是没有多大关系的。

在学校里，老师教一样，你学一样，老师教两样，你就学两样，老师不教，你就不学。一学期薄薄的几本教科书，就可作为教师惟一的教书法宝，就可作为儿童惟一的知识宝库。

把一本教科书摊开来，遮住了儿童的两只眼睛，儿童所看见的世界，不过是一本6寸高、8寸阔的书本世界而已。一天到晚要儿童在这个渺小的书本世界里面去求知识，去求学问，去学做人，岂不是等于梦想吗？

儿童的世界多么大，有伟大的自然亟待他去发现，有广博的大社会亟待他去探讨。什么四季鲜艳夺目的花草树木，什么光怪陆离的虫鱼禽兽，什么变化莫测的风霜雨雪，什么奇妙伟大的日月星辰，都是儿童知识的宝库。

大社会也是儿童的世界，家庭怎样组织的，乡镇怎样自治的，社会上的风俗习惯怎样形成的，国家怎样富强的，世界怎样进化的，这一切社会的实际问题，都是儿童的活教材。

南京鼓楼幼稚园的小朋友，对于自然就发生很大的兴趣。看见田野的花草，就会去采来问老师，看见花木间的蝴蝶昆虫，就会去捉来研究。地上的石子、矿物，也会去收集陈列。

有一次，有一个小学里的小孩子，在家里开了一个博物展览会，请了许多小孩子来参观。有什么东西展览呢？说来很有趣，在一个房间的角上，展览了什么铜币、贝壳、矿物、鸟蛋、邮票、石子、碎玻璃片，小孩看得很高兴。这是小小的博物世界，是儿童自己发现的，是儿童自己创造的。

不要说大自然大社会应当鼓励儿童自己去发现，就是图画也应当要儿童自己去发现，去培养的。

教师只在教室里教儿童画图，画什么一瓶死花、3只死鸟、几样水果，那引不起儿童画画的兴趣。你一定要带他到大自然里去实地写生，到大社会里去写真，那么儿童画画的兴趣就会增加，画画的技术就会提高。

我知道有一个小孩子得着父亲的鼓励，出去总是带着一本画册的。看见一个挑馄饨担的，他就给他画一张。看见抬轿的，他也画一张。看见乡下人挑着小孩子进城的，他也画一张。社会上一切的对象，都是他画画的好材料。日积月累，他的兴趣一天一天的浓厚，他的作品一天一天的多起来，他的画画技术，也一天一天的精起来了。

儿童的世界，是儿童自己去探讨，去发现的。他自己所求来的知识，才是真知识，他自己所发现的世界，才是他的真世界。

积极的鼓励胜于消极的制裁

没有一个人不喜欢听好话的，也没有一个人喜欢人家骂他的。这种心理，是每个人都有的。我们可以利用这种心理来鼓励儿童怎样做人，怎样求学。

我们小时在私塾里读书的时候，就喜欢吃"红鸭蛋"，假使吃了几根"红心甘蔗"，那放学回家，心中就要快快不乐呢！

假使今天吃两个"红鸭蛋"，明天写字的时候，就希望吃3个"红鸭蛋"。明天吃3个"红鸭蛋"，就希望后天吃4个"红鸭蛋"。这种小小的鼓励，可以增加儿童学习的兴趣，促进儿童求知的欲望。总之，鼓励，不论是物质的还是精神的，都是非常重要的。

在学校里鼓励的机会格外多，你若看见小朋友在地上拾起纸屑，你就应该对他说："啊！小朋友，你真做得好！"小朋友听到这类鼓励的话，下次看见纸屑，他一定要拾起来。假使今天你看见一位小朋友的文章，做得比上次好，你也应当鼓励他，对他说："这次你的作文，比上次进步了。"这个小朋友，对于作文的兴趣，一定格外浓厚了。

假使你看见一个小朋友演说得好，你称赞他几句，这个小朋友对于演说，一定会格外努力。随便什么事，你要小孩子怎样做，做什么样的人，学什么样的事，求什么样的知识，研究什么样的问题，你要有一个法宝，什么法宝呢？就是"鼓励"。

反过来说，消极的制裁不仅没有好处，反而有害。

有一个新生，他是口吃，说起话来总是说不出来。他的老师不明了口吃的心理，骂他说："你这样大的年纪，说话都说不清楚，你好好地说！"这样一骂，他反而一句话都说不出来了。这是什么心理呢？你骂他使他自己觉得是口吃，一有这种感觉，他就格外说不出来了。

　　你若看见了口吃的人，应当怎样教他呢？你绝对不要说他，你一听到他有一句话说得不口吃，就称赞他说："啊！你这句话说得好。"这样一来，他的胆子就大了，他的胆子一大，口吃的毛病就会减少，慢慢地口吃就会无形中消灭了。

　　从前，旧式的学校管理儿童，总是用消极的方法制裁的。什么不准随地吐痰，纸屑不准随地乱抛，不得高声说话，不得无故缺席，不得在墙上乱涂。设施都是消极的。

　　活教育不是消极的，是积极的。你不要禁止小孩子不做这样，不做那样，你要教小孩子做这样，做那样。你不要禁止乱抛纸屑，你要鼓励小孩子把地上的纸屑拾起来，丢在字纸篓里。你不要禁止小孩子在墙上乱涂，你要鼓励小孩子把肮脏的墙壁怎样刷白。你不要禁止小孩子高声说话，你要鼓励小孩子在公共场所怎样轻轻地讲话。

　　一切的一切，你要用鼓励的方法来控制儿童的行为，来督促儿童的求学。消极的制裁不会产生多大的效果，有时候反而容易引起他的反感呢！

大自然大社会是我们的活教材

有一天，我在上海参观一个小学。还没有走进教室，就听见小朋友齐声朗诵，什么"嗡嗡嗡，嗡嗡嗡，飞到西，飞到东，一天到晚忙做工"。

我就进去，问小朋友说："哪个看见过蜜蜂，举手！"四十来个小朋友之中，只有两个举起手来。这种知识，有什么用呢？这种书本的教学，真是害人，小孩对于蜜蜂，完全没有经验，读了一课《蜜蜂》，不知道蜜蜂是什么东西，蜜蜂怎样工作？怎样生活？对于人有什么关系？这种种重要的事实，小孩子茫然不知。小孩子所知道的，只是会飞会叫的飞虫而已。我们为什么不教小孩子去研究真的蜜蜂呢？我们为什么不向大自然领教呢？

有一天，我去参观一个小学。这小学在一个小菜场的后面，参观之后，我就问教自然的老师："你教自然有什么困难呢？"

他说："自然真不容易教，没有标本，没有仪器，怎样教得好呢？"

我就转过身来指着前面的小菜场对他说："这不是你的标本，你的仪器吗？一年四季，季季有各种蔬菜，天天都有新鲜的鱼虾。在这个时候，你可以买几个红萝卜来，把它切成两段，把生叶子的这一段，用绳子做一个网儿挂起来，再在剖开的一端挖一个洞，洞里放一点泥，种点豆儿葱蒜，天天浇浇水。过了几天，叶子生出来了，葱豆都发出芽来了。再过几天，葱豆都发荣滋长，葱茏可爱，挂在教室里，好像一盏红灯笼，鲜艳夺目，非常美丽。在这个活动里，小朋友可以知道种子怎样发芽，植物怎样生长，也可以把教室布置得新颖悦目。这种教材多么有生气！多么有意义！"

我又对他说："鱼虾是很好的教材，菜场里蚌、蛤、鱼、鳝、虾、蟹，种种不同的生物，都可以做儿童的好教材。你可以买几条鱼来，同儿童研究一下，鱼怎样会游水的，怎样会游上游下，转弯抹角，怎样呼吸，怎样食物，这种种问题，都可以试验研究。

"你滴一点墨水在水里，就可以看见鱼会把墨水从嘴里吸进去，再从腮里吐出来。

"你也可以把鱼剖开来，看鱼鳔是怎样的？鱼鳔有什么用处？假定你再要研究高深一点，你要知道鱼在水里呼吸什么东西，除了吃小虫之外，它是不是需要空气的。你也可以把它试验一下，它不吃小虫，还能活的，若吸不着空气，就会死的，怎样试验呢？这也简单得很！

"你把它放在普通的水里，看它怎样，你再把它放在冷开水里，看它怎样。

"这个小菜场，是你的标本，是你的仪器，是你的宝库，即所谓'取之不尽，用之不竭，这是活教材，这是活知识，这是活教育。小孩子看了一定很高兴，做起来一定很快乐，所得到的知识很丰富，所得到的观念很正确。"

亲爱的教师，大自然是我们最好的教师。大自然充满了活教材，大自然是我们的教科书，我们要张开眼睛去仔细看看，要伸出两手去缜密地研究。

现在，我的房子四周，不知有多少鲜艳的花草，奇异的昆虫，美丽的飞鸟。

昨天，有一个朋友在地上拔了根一尺多长的木本小树对我说："这是做蜡纸的原料。"他把树皮剥下来，叫我拉拉看，我拉了半天，还是拉不断，树皮非常之韧，树皮的纤维非常之细。

这种丛木，到了冬天在干枝上开了很美丽的紫花，到了春天在干枝上长了碧绿的叶子，结了珠子似的小果子。漫山遍野，好像杜鹃花似的到处生长。在浙江这种树已经变成宝贝了。十几年来，日本人到中国买了去，做了蜡纸卖给我们。英国人也买了这种树做了蜡纸卖给我们，一年几百万，利权外溢，我们自己还不知道利用。

现在，我住的地方，山前山后到处都有，单单泰和一个地方，不知有多少，全江西那更不必说了。恐怕不但江西有，湖南也有，恐怕广西有，广东也有。所谓"遍地黄金，俯拾皆是"。我们做教师的，应当如何张开眼睛去仔细看看，运用两手去缜密地研究？

这种有价值的活教材，在大自然中多得很。种地是最好的活动，什么蔬菜，什么山薯，什么玉蜀黍，什么萝卜，无数的东西都可以做种植的好材料。

饲养家畜，也是很有价值的好活动，什么养鸡养鸭，养猪养羊，养蜜蜂，养鸽子，都富有生产意义的。

所以，亲爱的教师，书本上的知识，是间接的知识，你要获得直接的知识，确实而经济，你应当从大自然中去追求，去探讨。

大自然是我们知识的宝库，是我们的活教材，活教师，我们应当向它领教，向它探讨。大社会何尝不是我们生活的宝库，何尝不是我们的活教材、我们的活教师呢？

这个世界是多么神秘，这个社会是多么复杂。这次的抗战，是我们民族史上最伟大、最光荣的战争。这次的欧洲大战，是法西斯主义与民主主义的大决斗。我们做教师的，为什么不教学生研究时事，探讨史地？从研究时事中我们可以得到宝贵的教训，从探讨抗日与欧战有关的史地中我们又可以得到宝贵的活知识。我们若一研究这次敌人进攻沿海各城市，就可以研究出各城市对于抗战的重要性。比如敌人为什么要占领宁波、台州、温州、福州、余姚、绍兴呢？理由是很简单、很明显的。敌人要封锁我们的海口，要掠夺我们的资源。宁波、台州、温州、福州，都是重要的海口，若被封锁，虽于最后胜利无大关系，但对于我们的运输，却有相当的影响。

这种教学，教师教起来，多么生动，多么深刻；学生学起来，多么兴奋，多么有趣。我们何必一定要把一部活地理四分五裂，呆呆板板地教小孩子死记死读；我们何必一定要把一部中华民族进化史支离破碎，一朝一朝呆呆板板地教小孩子死记死读呢？我们为什么不去研究抗战来做研究史地的中心或出发点呢？我们为什么不研究第二次世界大战来了解各国的史地及其民族的文化呢？大自然大社会都是我们的活教材，我们为什么不从"现代"的活教材研究到"过去"的史事、"过去"的地理呢！

比较教学法

　　比较的教学法有什么好处呢？它能使小孩子对于所学的事物，认识得格外正确，印刻得格外深切，记忆得格外持久。这句话究竟怎样讲呢？让我来说个明白。比方我们教小孩子去研究一只猫，最好我们用一只狗去同它比较一下。我们可以这样讲给小孩子听："猫喜欢吃鱼，狗喜欢吃肉；猫会捉老鼠，狗会打猎；猫有一种特别的武器，你们应当注意的。它有一副铁钩似的脚爪，走路的时候，脚爪缩在肉垫里，不会出一点小声音，一看见老鼠，伸出脚爪，把老鼠一把抓住，这是它捉老鼠的妙法。狗儿也有一种特别的武器。它有非常灵敏的嗅觉，它利用这种嗅觉，帮助我们打猎，帮助我们捉贼，帮助我们破获盗案。"

　　我们把狗、猫这样一比较，小孩子对于狗、猫的认识，不是格外正确吗？小孩子所得到的印象不是格外深刻吗？不但如此，小孩子会格外喜欢猫、狗，会格外高兴研究猫、狗呢！

　　假使我们教小孩子认识鸡的特点，最好我们也用比较教学法。我们可以用鸭子和鸡来比较。鸭子嘴巴是扁的，鸡的嘴巴是尖的。为什么鸡的嘴巴是尖的呢？因为便于在地上找东西吃。鸭子的嘴巴为什么是扁的呢？因为便于在水里找东西吃。鸡的脚是三个分开的爪，便于在地上走路。鸭子的脚趾中间有蹼，便于在水里游水。这样一比较，对于鸡鸭的认识不是格外清楚、格外正确吗？

　　各种常识都可以用比较的教学法来教，国语也应当用这种教学法教的。比如要小孩子认识"收穫"的"穫"字，你最好用"獲得"的"獲"字做一个比较。这个"穫"字是"禾"字旁，是收稻的意思。那个"獲"字是反"犬"旁，是打猎的意思。这样一比，两个字就分析得很清楚，小孩子就易认识，容易记得牢了。不但教单字应当这样比较，就是联词也应当如此。比如你教"勇敢"两个字，最好用"胆怯"两个字来对比。你教"虚伪"两个字，最好用"诚实"两个字来对比。教句子最好也用比较的方法去教。

我们看下面的句子：

（一）这里画只猫，那里画只狗。

（二）这里画一只猫，那里画两只狗。

（三）这里画猫，那里画狗。

这三句句子都是对的，但每一句句子都有不同的地方。第一句单说"只"，没有说"一只猫""一只狗"，这个"一"字加不加没有关系，也可以说不加倒来得好。为什么不必加呢？因为这句句子里的意思，注重在猫在狗，不是注重在一只两只，你若写了一只猫一只狗，就把句子的重要性分散了。

第二句的意思和第一句有点不同，第二句句子是注重在只数，所以这里"一只"，那里"两只"的"一""两"数目字，必须明白地表示出来。

第三句的情形又不同了。注重性是在地方，东西的多少不必说出来的。

你看，这三句句子，句句都有它的特性，第一句句子表明东西（猫狗）；第二句句子表明数目；第三句句子表明地方。你这样一比较，一指导，小孩子对于字句的认识，格外清楚，小孩子所得到的印象，也就格外深刻了。

常识国语果然要用比较方法来教，音乐美术也应当用比较的方法教。

我们先说音乐吧。有的人唱起歌来，用喉音的，声音从喉咙里榨出来的。要校正这错误，你应当唱给他听两种声音，一种从胸部腹部发出来的，一种从那喉咙里榨出来的。小孩子听见了这两种不同的声音，就能明白声音应当怎样发的。假使你不用这种比较的方法去教他，你也不唱给他听，只单教他不要从喉咙榨出声音来，你尽管说，尽管骂，他还是不懂的。但是你把两种声音一比较，他就能听出好坏来了。这样小孩子学起音乐来就便当得多了。

颜色也要用比较法去教的。各种颜色一比较，颜色的特质就格外来得显著。中国有句话，"万绿丛中一点红"。这一点红经绿一衬显得格外红，绿同红一比显得格外绿了。没有红，不容易显出绿的美，没有绿，不容易显出红的艳。红绿两色互相为用呢。

我们又有一句话"黑白分明"。这句话什么意思呢？若是我们只有"黑"而没有"白"，那这种黑究竟黑到什么程度，我们不容易看出来。若是我们只有"白"而没有"黑"，那这种"白"也不会很显然的。但一经比较，黑白的颜色就显得格外清楚了，这是用一种对比的方式来说的。

假定你问到这种白色的深度，那你必须把它同标准的白色来比较。你若要知道黑色的深度，那你必须把它同标准的黑色来比较。所以要分辨颜色是深浅美丑，我们应当采用比较的方法。

你若讲到物体的美，那更加要用比较的方法来决定了。你说这个人美，那个人丑，我相信在你的脑海中，一定有一个标准美或者一个标准丑。不然，人的美丑，你一定分别不出来的。看了下面三个图，就能明白我所说的话了。

假定这里只有一个图，你不能说这个图丑，有了第二个图，你就可以看出第一个图画得丑，假如只有第三个图而没有第一个图、第二个图，你也不能说第三个图画得最美。有了第三个图，就可以看出哪一个丑，哪一个美，哪一个不丑不美。

我们再举一个例子。你看下面四个图，哪一个最好看？你一看就喜欢第四个图，假定只有第一个图，你不能说它好看，或者不好看。但是你用几个图一比较，好坏你就看出来了。

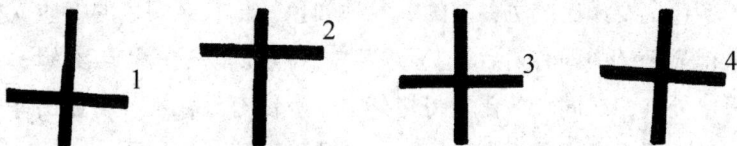

看了上面所说的话，我们不妨武断地下一个结论，就是：常识、国语应当这样教，音乐、美术应当这样教，一切课程也都应当这样教。

现在我们再进一步说，不但知识应当这样教，做人也应当这样教。

有一天，有一个 7 岁大的女孩子到我家里来同我的小孩子玩。我一看她，心里觉得很快乐。这个女孩子生得非常可爱，圆圆的脸孔、雪白的牙齿，身上穿得干干净净，满脸还堆着笑容。

我就问她："你的牙齿多么白，怎么会这样白的呢？"她说："我天天刷牙齿的。"

我问："你一天刷几遍呢？"

她说："早上起来刷一刷，晚上要睡觉了再刷一刷。"

等到这个女孩子出去了，我就对我的小孩子说："刚才来的小朋友不是很可爱吗？她的脸总是笑眯眯的，她的衣服干干净净的，她的牙齿雪白的，你要像她一样可爱吗？"

她说："要的，要的。"

我说："那么你应当怎样做呢？"

她说："我要有笑眯眯的脸孔，干干净净的衣服，洁白的牙齿，每天早晨刷一遍，晚上刷一遍。"

我说："对啦！对啦！"

这是用比较的方法来教我的小孩子怎样做人。做事也应当这样教。

我们在学校里教小孩子做人做事，现身说法给小孩子看，一方面教师以身作则，一方面用中外古今名人的故事来教。什么《孔融让梨》，什么《司马光破缸救同伴》，什么《花木兰从军》，什么《岳飞精忠报国》，什么《七十二烈士为国殉难》，什么《华盛顿砍樱桃树》，什么《林肯解放黑奴》，什么《南丁格尔救护伤兵》，等等。这种种故事，都是教小孩子怎样做人，怎样做事，这种教法，比较来得具体，比较来得生动。

总而言之，比较教学法在教育上有很大的价值，在学校里应当占着很重要的地位。你若用这种方法去教小孩子，那小孩子对于所学的事物一定学得格外有兴趣，认识得格外清楚，印刻得格外深切，记忆得格外持久了。

用比赛的方法来增进学习的效率

儿童大都喜欢比赛，喜欢竞争的。做教师的应当利用这种心理去教导儿童，去增加儿童的兴趣，去促进学习的效率。所以在学校里，有什么作文比赛、演讲比赛、阅读比赛、书法比赛、足球比赛、乒乓球比赛、图画比赛，甚至于科学比赛、健康比赛。什么科学，什么活动，在学校里都可以比赛，这种比赛式的教学，各国都曾经充分利用的。

这种比赛的教学法，究竟有什么好处呢？

小孩子本来不喜欢读书做事，一有比赛，小孩子就会高兴读书，努力做事。

上学期幼师附小举行了一个运动会。在未开会之前，儿童对于运动，没有什么兴趣，一听说学校要举行运动会，他们就很高兴。在准备的时间，各班的儿童都争先恐后地练习。开运动会的时候，他们就玩得很高兴。

比赛似乎是一种魔力，普通的小孩子都喜欢。比赛的确可以提高兴趣，增进效率。

比赛这种活动，不要说小孩子喜欢做，成人也都喜欢的。在美国，运动比赛是最热烈了。冬天有冬天的运动比赛，夏天有夏天的运动比赛，学校有足球队、棒球队。这个大学同那个大学比赛。一到星期六，全国各大学都忙于运动比赛。学校固然有学校的各种球类运动组织，全国各大城市也都有个运动组织。这种组织带营业性的，参加的会员都以运动作为一种职业。所以到了星期六下午，全国各地到处都有运动比赛。在这种职业性的运动中，打拳、角力是两种很重要的运动比赛。所以美国全国人民对于运动比赛真有点疯狂的热烈。成人不但喜欢比赛运动，就是工作也喜欢用比赛方法来做的。

几年前我到苏联去，看见一个工厂里用比赛的方法来鼓励工人加紧生产。我看见在黑板上画了一张表。

图	工人姓名	分数
蜗牛		41～50
牛		51～60
马		61～70
自行车		71～80
火车		81～90
飞机		91～100

蜗牛代表最慢的工作、最少的生产，飞机代表最快的工作、最多的生产。每星期考查一次，考查的时候，根据一定的标准，每个图代表工作的进展、产量的多少。根据这种已定的标准，把工人的名次重新登记在表上。到了火车一级的就得着一种奖。到了飞机一级的，又有一种特别奖。

这种奖品是很有意思的。我看见在电影院中最好的两排座位，叫做荣誉座，就是给工作成绩最优良的人坐的；或者免费坐船乘车到郊外去游玩；或者领了免费的荣誉券到餐馆里去吃东西。

这样说来，比赛的方法，在学校里可以提高兴趣，鼓励学习，增加效率，在社会上可以加紧工作，增进生产。

但是比赛也有种种的弊病，我们不得不避免的。

从前我在东大教书的时候，有两个中学借我们的操场比赛足球，甲校被乙校打败了。乙校的学生，都显出骄傲的态度，对甲校的同学非常无礼，既不准甲校的同学从大门回去，又要赶他们从后门出去，嘴里还要大声喊着说："呵嘘！呵嘘！"好像赶猪狗的样子。其实这种无礼的举动，还不算什么。有时候，在运动场上双方会动起全武行来；有时候学生不听指挥，反抗命令，反而把评判员痛打一顿。像这样的比赛，这种竞争，不但没有好处，反而养成许多坏的习性，什么打胜了就骄傲，打败了就灰心，不服从评判，不遵守指挥，竞争变成倾轧，比赛变成妒嫉。

我们应当怎样举行比赛呢？比赛的时候，应当用什么态度？要怎样指导？

在美国哈佛和耶鲁两大学每年比赛足球，看的人有7万之多，一张票要卖到5块至10块美金。比赛的时候，双方的队员都十分激昂，观众的情绪都十分热烈，这边拉拉队"拉拉拉"，那边拉拉队"哗哗哗"，若是一个球踢进球门，全场的7万观众都会大声喊叫，似疯若狂，兴奋异常。在这种情形之下，胜利是多么荣耀，失败是多么丢脸。但实际的情形是怎样的呢？

比赛一毕，胜负一决，败的一边队员毫不气馁，反而鼓着余勇跑到胜的一边队员那里，同他们握手，庆祝胜利，表示敬佩。这种"体育精神"，实在是了不起的。胜的并不骄傲，败的也不灰心。这种比赛，真正能提高尚武精神，增加运动兴趣，促进体育效率，于公于私，都有莫大的益处，做事做人，得着很好的教训。运动比赛应当有这种光明的态度，各种校内校外比赛都应当也有这种宝贵的精神。所以我们要教小孩子怎样接受胜利，怎样担负失败，要使得胜者不骄，败者不馁；不但在运动场上是如此，在教室里也应如此；现在做学生时是如此，将来在社会上做人也应如此。

比赛通常分两种，一种同人比赛，一种同自己比赛。同人比赛又分两种，一种是团体比赛，一种是个人比赛。足球、排球、篮球等，都是团体比赛。还有田径赛，差不多都是个人比赛。

清洁比赛、演说比赛、健康比赛都是注重在个人的。究竟是团体比赛要紧呢，还是个人比赛要紧？

在学校里个人比赛的价值，不及团体比赛来得大。在团体比赛中，我们可以学习许多做人做事的美德，合作、牺牲、互助，都是在团体中养成的。

比如比赛篮球，对方把球打过来，你接到了它，不要横冲直撞不顾前后左右，只想把球丢中目标，表示自己的能干，这种玩法绝对不会成功的。你要看看这个球应当递给什么人，不必自己来居功，你一定要同人合作，你应当丢的时候丢，不应当丢的时候不要丢。你的责任是怎样同人合作，把球怎样传给别人，要知道别人的成功，就是你的成功，也就是团体的成功。在团体比赛之中，合作第一，互助第一，个人的利益必须放弃，团体的胜利务必保持。

像这一种牺牲、合作的精神，只能在团体比赛里养成。不过在这里我们要注意的，就是团体的范围不要太狭窄了。有时候学校举行清洁比赛以班级来做单位，固然是很对的，但这里还有两种危险，我们要防备的：第一，个性似乎不容易发展；第二，团体中容易发生摩擦。

在学校里，个人的比赛当然是可以有的，不过不要太注重。团体比赛应当注重，不过不要太过分了；注重过分，就会发生摩擦和倾轧。所以有的时候，要把团体比赛的范围扩大。怎样扩大呢？就是把学校里的小团体集合起来，同别的学校来比赛，这样小我大我化，小团体集合化了。

以学校做单位，固然比以班级做单位来得大，但范围还是不够大，所以有时候，我们要举行以省为单位的全国性的比赛呢！

现在我们来讲自己和自己比赛吧！这种方法，在欧美的新学校已经试用且有成效了。究竟怎样实施呢，那要看各种比赛的性质了。

各种自我比赛，究竟隔多少时间举行一次呢？每星期举行未免太麻烦了。每学期一次，似乎相隔太长久了。每个月一次，来得妥当些，教师的精力，学生的精力，都能够顾得到。下面的一张表格，可以作为参考：

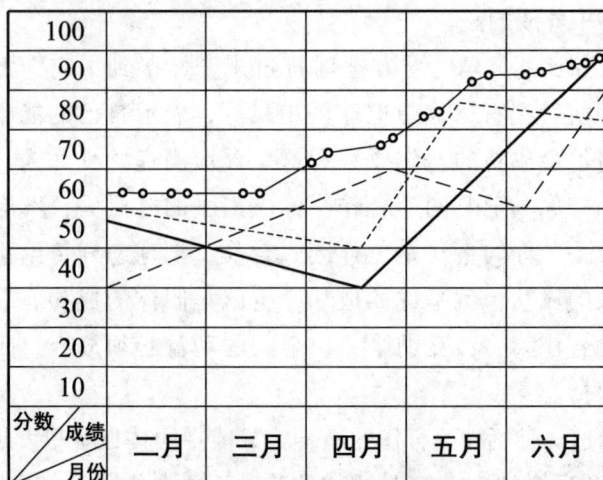

| 分数\成绩\月份 | 二月 | 三月 | 四月 | 五月 | 六月 |

例　　　1 — — — — — — — 算术
　　　　2 ——————— 常识
　　　　3 ·················· 国语
　　　　4 ∞∞∞∞∞∞ 美术

这种比赛，实际上是很简单的，就是小孩子的成绩每月考查一次，考查的分数，就是比赛的结果。这种比赛，究竟有什么好处呢？

第一，小孩子容易受到鼓励，不容易灰心。

比如乙儿和甲儿比赛，甲儿的智力不如乙儿，乙儿的智力是100分，甲儿的智力只有50分，两人比赛，甲儿非常用功、非常努力，乙儿是很偷懒的。一个月之后，两儿的成绩究竟怎样呢？甲儿因为天资较差，虽然努力，还只能得到60分，而乙儿因天资较高，虽然懒惰，仍旧可以得到80分。若是我们单凭分数来做比赛的根据，那不是很不公平吗？偷懒的得着奖励，努力的反而得着灰心？所以与人比赛，不及自我比赛来得妥当，自我比赛就没有这种毛病了。

自我比赛没有什么聪明愚笨的分别，只有努力和懒惰的问题，懒惰只有退步，努力当然进步。

自我比赛的时候，每个儿童当然努力；一努力成绩就会来得好，成绩来得好，儿童就容易得着鼓励；一得着鼓励，儿童就有兴趣；一得着兴趣，儿童就容易努力；一努力学业就有进步。所以自我比赛，儿童容易得着鼓励，容易学得多，做得好。

第二，儿童明了自己的成绩，高兴学习。

从儿童的学习心理看来，凡是儿童知道自己的成绩，就容易产生学习的兴趣。上面所举的成绩进展表，就是使儿童容易明了自己的成绩，容易引起学习的兴趣。

我们现在把上面所说的再简单地总起来说几句：凡是普通儿童都是喜欢比赛的。比赛有什么好处呢？比赛可以增加学习兴趣，提高学习效率。比赛分团体和个人两种，团体比赛的价值比个人比赛的来得大，合作、互助、牺牲精神可在团体比赛中培养的。但团体的范围应当常常加以扩大，不要变得太狭窄。比赛中有两种精神，小孩子必须要学到的，就是胜者不骄，败者不馁。个人比赛又分两种，就是与人比赛和自我比赛，自我比赛较来得妥当，我们应当多多采用。

积极的暗示胜于消极的命令

亲爱的教师，我来提出几个问题，请你答答看！

（一）一个4岁的男孩子，蓬了头，拖了鼻涕，跑到学校里来读书，你应当怎样教他？

（二）一个5岁的女孩，在操场上游玩，听见上课铃就赶快跑，一个不留心，被树根一钩，扑的一声跌了一跤，那时你在后面看见了，应当怎样教她？怎样对她说？

（三）一个十来岁的小孩子，胆子非常之小，一到晚上就不敢到黑暗的地方去，你应当怎样教他不怕黑暗？

（四）一个11岁的男孩子，喜欢拿人家的东西，你应当怎样教他？

这些问题，你看了有何感想？粗看，很简单，仔细研究起来，倒也很复杂很难解答的。我们不妨来试试看。

第一个问题是清洁的问题。这个问题，可以从两方面来说：一是母亲的问题，一是小孩子本身的问题。他家里也许是很穷的，他的母亲没有受过相当的教育，小孩子出来，让他蓬了头发，拖了鼻涕。照理他的母亲应当把他的头发梳一梳，脸孔洗一洗，再让他出来。这个问题，做教师的应当怎样去解决？第一个办法，就是去访问他的家庭，告诉他的母亲：你应当建议小孩子每天必须要随身携带一块干净的手帕，这块手帕不一定要很好的，就是一块干净的布也可以。第二，就是在学校里替他梳一梳头，洗一个脸。我们现在要问，你做老师的怎样对他说？怎样教他以后不蓬头、不拖鼻涕？

你不应当在别的小孩子面前对他说："你这个小孩子多么脏，蓬了头，拖了鼻涕，赶快去弄干净。"这样一说，这个小孩子会发生两种反感：假使他怕羞的，他就会哭起来；假使他倔强的，他不听你的话，他不肯去梳头洗脸。所以，这种命令是没有大用处的，你应当用一种暗示的方法去教他。

你可以指着干净的小朋友说："啊！你的头发梳得多么整齐，面孔洗得多么干净！"这样一说，那个肮脏的小孩子，假使聪明一点，就会领悟到你的意思，恐怕他会轻轻走过来请你替他梳一梳头，洗一洗脸。假使这个方法不行，这个小孩的智力不够高，领悟的能力不够强，那你最好带他到清洁室里去，轻轻地对他说："你到镜子里照照看。"一照就看见他自己了，那时候，他一定会请你替他梳一梳头，洗一洗脸的。

这种方法看起来似乎是软性的，实际上小孩子是愿意改进的。这种方法，看起来似乎很费时间，你要花一点心思去对付。最容易做的是一种消极命令。你看见一个肮脏的小孩子，不知不觉会说他、会骂他，教他这样做、那样做。这种硬性的教育，是不彻底的，是暂时的。积极暗示是比较难做，而收效实际上是很大的。

第二个问题是痛苦的问题。假定你看见小孩子跌倒了，你就很慌张地跑过去对他说："小朋友，不要哭，不要哭，跌痛了没有？"本来他可以不哭的，给你这样一说，他反而哭起来；本来他不觉得很痛的，给你这样一说，他反而觉得痛了。究竟你应当怎样做呢？你可以对他说："小朋友，真乖！跌了一跤，自己会起来，真能干！"这样一鼓励，他要哭也不哭了；即使有点痛，他也会咬着牙齿，忍着痛苦了。

今天吃晚饭的时候，一个3岁的小孩子，在吃饭桌子下面玩弄，正要走出来的时候，一个不当心，在桌子边砰地撞了头，我以为他一定要哭了。他的妈妈非常机警，一听见撞声就对他说："乖乖今天能干，头皮会敲铜鼓了。"他出来一点不哭，没有现出痛的样子，不过在桌子边硬硬地敲了几拳，就走开去了。这是很好的暗示性教学法。他的母亲暗示他一个勇敢的意思，这个小孩子有了勇气，就把痛苦克服了。

第三个问题是惧怕的问题。这个问题的原因，大概是在黑暗中受惊吓，或者听人讲可怕的故事，所以到了黑暗中，他总想起可怕的情形；或者在黑暗中有的东西刺激他的想像，有的东西看起来好像是他所怕的东西，如在白天他被狗吓了一下，到了晚上他就会怕，以为黑暗中就有那可怕的狗。

我有一个侄儿，小的时候很怕鬼，晚上出去，总是要人陪的。有一天晚上，我带了他和他的哥哥到东南大学（就是现在的中央大学）去听讲课。他的哥哥（12岁）提了灯笼在前面走，我跟在后面，他一定要走在我们两人的中间，我特意走上去，走在他的前面他不肯，一定要走在中间。我对他说："你为什么一定要走在中间？"他说："我怕。"我说："怕什么？"他说："怕鬼。"我说："走在中间就不怕吗？跟在后面会怕吗？中间同后面有什么分别呢？"他说："在中间就不要紧。"

这个小孩子为什么这样怕呢？就是前几年在家乡的时候，常常听见乡下人讲鬼怪故事，他听的时候，非常爱听，但听了之后，就不敢回家了。

小孩子容易受暗示的，我们不要以鬼怪的故事去暗示他；但是已经有了这种惧怕，我们用什么方法去消灭这种惧怕的心呢？这个问题比较复杂，有一个方法，就是仍旧用暗示法去消灭惧怕的心理。他怕黑暗，我们还是带他到黑暗的地方去，你用言语告诉他不怕是没有用的。以行动来暗示他，你要显出不怕，一次两次三次，慢慢儿就会消灭惧怕的心理。不过这种惧怕，是有黏性的，要等到小孩子年龄大一点，身体强一点，勇气增加一点，理智纯一点，胆子也会大一点，惧怕的心理自然会消灭的。

第四个问题是有偷窃性的问题。这个问题，当然是相当复杂的，他今天之所以喜欢拿人家的东西，由来已久，不是一朝一夕所养成的。要解决这个问题，一定要考查它的原因。假定是因为家庭的关系而拿人家的东西，我们一定要满足他的欲望。我们要用正当的方法来满足他的需要，我们一方面讲廉洁的故事给他听，一方面要他知道尊重别人的权利。假若一班之中，有一个很好的学生，对公家的事物特别爱惜，你就可以趁这个机会，在大众面前把这个学生提出来讲给那欢喜拿别人东西的小孩子听。不过有一点你要注意的，不要直接对他说："你不要拿人家的东西，你从前是这样的，现在你要看某人的榜样。"这种话是多讲的，一讲反而引起他的反感，你只要暗示他，要他模仿就够了。

还有富有暗示性的故事，也可以产生很大的效力。

总的来说，暗示可分四种：一种是语言，一种是文字，一种是图画，一种是动作。

小孩子看了《西游记》，想上西天；看了《七剑十三侠》，想做神仙；看了《三国演义》，想做鞠躬尽瘁的诸葛亮；看了《岳传》，想做精忠报国的岳武穆，这是文字的暗示。

小孩子听了孙中山革命40年的奋斗史，就想建设新国家；听了林肯解放黑奴的故事，就想打倒奴隶制度，这是语言的暗示。

看了一张可爱的小孩子图就快乐，看了一张可怕的暴行图就痛恨我们的敌人。这种种的图画，已经有很大的暗示力量。所以世界各国都爱美术，都利用图画来做宣传工具。

动作的暗示，比任何暗示恐怕要来得大。

有一天，我教小孩子吃番茄。没有吃过番茄的人，也许不会喜欢吃的，但是番茄富于维他命，在欧美各国均认为是一种最经济、可口的食品。我的小孩子，当初没有吃过，我恐怕他们第一次吃了不好，以后就不喜欢吃了。这是我自己的经验，二十几年前，我到北平西山卧佛寺去玩，我看见一个在那边养病的学生，种了许多番茄。我问他这是什么东西，他说这是最好吃的东西，他就摘了一个青的番茄给我吃。青的番茄很酸涩，我咬了一口，就连忙丢掉。我得了这种很坏的印象，到了美国，有一年的工夫，对于这样可爱的番茄不敢尝试。有一天，有一个外国朋友一定要我吃，他吃给我看，他吃得津津有味，我就勉强尝了一下，一尝番茄的滋味，和从前大不相同，吃了几个，慢慢就喜欢吃了。到了后来，最喜欢吃番茄，这是我个人的经验。

适当的暗示是很重要的，得到这种经验之后，我就利用暗示性去教导小孩子。

　　有一天，我买了许多番茄，先把它在开水里一烫，把皮剥掉，切成小块，用点糖拌拌；拌的时候，他们都睁着眼睛看着我，我剥皮的时候，同时就说："这个多么红，多么好看！"拌了之后，我就吃给他们看，一吃下去就说："好得很！好得很！"他们看见我吃得津津有味，就也要尝尝看，我就给他们每人一块，他们还没有吃下去，我就说："不是很好吃吗？"他们皱一皱眉头，一口把番茄吃下去了。从此以后他们就很喜欢吃番茄了，我用这种动作的暗示去教导他们。

　　动作是富于暗示性的。动作愈激烈，暗示性当然愈大。小孩子看了戏剧电影，回到家里就要去表演。戏剧电影是活动的，有很大暗示性的魔力，因此我们要利用戏剧，利用电影，去实施儿童教育，实施社会教育。

　　上面所说的四种暗示，都有很大的力量，究竟哪一种最大呢？这也很难说，不过从儿童心理看来，动作的暗示性，恐怕要算最大的。做父母的、做教师的，应当以身作则，利用动作的暗示去教儿童。

替代教学法

替代法究竟怎样，让我来举几个例子：

（一）有一天，我看见我的孩子一鸣拿了一块破烂的棉絮裹着身体当毡毯玩。那时候，在我脑筋里就起了许多感想：我是立刻把他的破棉絮夺去呢，还是让他玩弄得着一种经验？是叫他把棉絮丢掉，还是用别的东西来代替？仔细一想，用积极的暗示去指导他好。我就对他说："这是很脏的有气味的，我想你一定不要的，你要一块干净的，你跑到房里去问妈妈拿一块干净的。"他听了，就跑到房里去换了一块清洁的毯子。

棉花是小孩子喜欢玩的，但是脏的东西，小孩子不应该玩的；我们可以给他新的东西，他同样可以得到玩弄的经验。这是一种以物代物的方法。

（二）小孩子喜欢画画的。有一天，有一个小孩子用铅笔在墙壁上乱画，把墙壁弄得很脏。看到这种情形，你应当用什么方法去处置他呢？打他是不对的。他画画是一种正当的活动，我们应当让他画；不过墙壁不是画的地方，假定画得好，那也没有什么关系，他能画壁画，那是很好的。但是普通的涂写，是不能作为观赏的。最好的方法，就是给他大的空白的纸张，让他在纸张上面去画。画了之后，你把他所画的图挂在壁上，来鼓励他的兴趣，这是一种以建设代替破坏的方法。

（三）小孩子总喜欢占有的，看见东西总喜欢要，好吃的喜欢吃，好拿的喜欢拿，好用的喜欢用，好玩的喜欢玩。公私的观念没有形成，学校里面，常常有你争我夺、东挪西拉的事情发生。在家庭里，做父母的，应当给小孩子相当的设备，什么看的书、玩的玩具、睡的床、坐的椅子、用的桌子，在可能范围以内给他一个小的房间，他可以睡，可以玩，可以读书。应当鼓励小孩子多集贝壳、邮票、钱币、昆虫、石头、各种花卉、图画、标本、矿物和植物。凡是小孩做的成绩，什么图画、手工，都应当让小孩子自己去保存。凡是不花什么钱的东西，都尽量设法搜集。这种搜集，有时候可以陈列起来，开一个展览会。这种搜集活动，可以满足小孩子占有的欲望，同时也可以培养小孩子的兴趣。

不但搜集可以满足占有的心理，就是种菜栽花，养鸡养鸭，都可以发展小孩子的个性。让小孩子种点花生，种点青菜，种点萝卜，或是养鸽子、养兔子、养狗、养猫，都有很大的意义。有一点我们应当特别注意，你顾到儿童占有心的时候，你不要忘了他要在社会中生活的，你不要顾到专心发展他的个性，养成一种利己的心理，而忽略了共同生活的一种原则。所以一方面你尽量可以要小孩子有自己的东西，但一方面必须要他参加共同的生活。比如，种地啊，养家畜啊，不要给他一个人专有一块地或一样东西，要大家共有，要大家合作，这是顾到个人的占有心，而同时顾到公共的事物，这是以搜集来代替争夺的方法。

（四）普通小孩子都喜欢合群的。在家里孤独的小孩子，就会发生想像的伴侣。在学校里，一个孤单而没有朋友的小孩子是一定有问题的。

有一个6岁的小孩子，吃饭的时候，总要在桌上另外放一双碗筷，给他的想像伴侣吃。游戏的时候，他会自言自语地交谈。有一天，他正在地板上玩弄玩具的时候，一个客人从外面来，在他的面前走过，这个小孩子就喊起来说："你不要踏在我的朋友身上。"这个小孩子因为没有伴侣，所以脑筋中只有一个想像的伴侣。在这种情形之下，做父母的应当想法子替他找一个伴侣同他玩玩；若是没有真的小孩子，洋娃娃也可以的，清洁的猫狗也可以的，都可以代替真的伴侣。

（五）在学校里小孩子无形中会有组织，没有正当的指导，没有正当的组织，小孩子自己会三五成群、四五结队的。那一种成群，那一种结队，常常会做出不正当的举动，做出各种破坏的工作，甚至产生偷窃的行为。

做教师的，应当利用他合群的心理、组织的能力，把全校的学生组织起来。消极的制裁是没有用的。在小学里，儿童团是很好的组织。在中学里，自治会以及各级的级会、各种课外活动，都可以满足小孩子合群的心理，这是以正当的组织来代替不正当之活动。

（六）小孩子喜欢游戏，喜欢赌博的。我在上海的时候，常常看见小朋友在街上抽签，一个铜板抽一抽，抽着了有糖吃。还有一种转糖，一个铜板转一转，中了什么，就得着什么。这种侥幸的心理，不要说小孩有的，就是大人也是有的，什么跑马、跑狗、打回力球，都是这一套。我们用各种游戏来替代赌博。赌博最重要的，不过是一种机遇，为什么小孩子喜欢赌呢？一方面固然是一种侥幸的心理，一方面有一种机遇的因子，引起小孩子好奇的心理。

游戏也有机遇的要素的。比如捉迷藏，各个人都有被捉到的可能，这是机遇。在操场上各种球类比赛，各种运动，都有成功失败的机遇。运动游戏可以满足小孩子侥幸的心理，所以游戏可以代替赌博的。

总而言之，小孩子生来无所谓好，无所谓坏的，他时时喜欢游戏，我们应当想办法来满足他的欲望。同时要使得他顾到别人家的幸福，要使得他参加共同的生活，要使得他爱护公共的事物。小孩子好奇的、侥幸的心理也是有的。机遇的引诱，可以引起他的好奇。我们可以用各种游戏来满足他的侥幸心理。小孩子是好动的，他喜欢做这样，做那样，你没有东西给他做，他就要破坏，就要捣乱，所以我们要他做，要他建设，要他创造。小孩子喜欢合群，我们应当让他有一种正式的组织来发展他的能力，来养成他们的群性。我们要处处顾到儿童的心理，我们要用各种替代的方法来满足他的欲望，来发展他的个性，来培养他的人格。

注意环境，利用环境

"大自然大社会都是活教材"这个意思，我已经在上面详细地说过。现在我要说的，就是在大自然大社会的环境中，你可以找到许多活教材、活教具。

"麻将"不是各个人都喜欢吗？为什么我们喜欢麻将呢？其中必定有奥妙。麻将是骨头做的，摸摸就发生一种触觉的快感。麻将又刻了红红绿绿的颜色，什么红的"中"，绿的"发"。你把牌儿在桌上一拍，就听到清脆悦耳的声音。你在桌上拿起来的时候，就产生一种神秘的心理，这张牌是"白"呢还是"风"，这里有一种机遇，你若碰到了，那么就运气了，若是碰不到，那只可耐着性等着。麻将实在是好玩的赌具，无怪中国人都喜欢，近几年来，麻将在美国也风行一时呢！

因此在20年前，我在南京办鼓楼幼稚园的时候，我自己向自己说：麻将是一个很有趣的赌具，为什么我们不把它变成一个好玩的教具呢？假使能变成识字的教具的话，那不是小孩子识起字来很快吗？麻将牌怎样变成教具呢？听起来好像很奇怪，做起来倒很容易，那时候我就跑到夫子庙，叫麻将店的老板，替我刻副活字块。我在儿童用书中选出了200多个字，每个字刻两块。儿童喜欢颜色的，所以我叫他依照部位，着了红、绿、蓝、紫的彩色。比如"鸡""鸭"两个字，"鸟"部用红的颜色，"又""甲"部都用绿的颜色；比如"江""草"两个字，三点水用蓝的颜色，草头用绿的颜色。字块这样一着色，就显得格外鲜艳夺目了。

怎样玩呢？有两种玩法：一种是凑对子，一种是拼句子。凑对子是为不识字的儿童玩的，拼句子是为已经识了几个字的儿童玩的。可以让孩子们围坐一张桌上，共同玩耍。

赌具变成教具，多得很呢！我曾经把国外的一种钟面式的赌具，变成一种好的练习算术的教具。它究竟是一种什么赌具呢？是一个洋铁做的小圆盘，盘面上像一个钟，有长针秒针，长针秒针周围都有分数，你把长针一拨，秒针也跟着移动。长针转得快，秒针也转得快，长针停了，秒针也会停的。长针假定所指着的分数是8，秒针所指着的是7，那你就得着56分；假使我拨的长针是在9分，秒针是在8分，八九七十二，那我就胜了。你看这个不是个很好玩的九九表吗？小学三年级的学生，学习九九表的时候，正好玩这种教具呢！

　　在新年的时候，你可以在街上看见一种赌具：许多小孩子围着一个糖摊，在那里转糖，糖摊是一个圆盘，盘的四周放了各种各样的糖菩萨、糖动物，盘的中间是一个轴，轴上挂着一根横木，横木的一端垂着一根针。你假定要赌的话，就给卖糖的一个钱，给了之后，你就可转了，针转到那里，那里的糖人就是你的了。

　　这种赌具，在新年的时候，到处都可以看得到，它的魔力是非常大的，我们为什么不把它变成一个教具呢？20年前，我就这样问自己。我就做了一个转盘，教小孩子认识数字，形式虽然稍微有点不同，原则都是一样的。怎样不同呢？盘上画了格子，格子的上面写数目，下面写字，什么字呢？看情形而定，你可以写各种动物的名字，你也可以写各种花木的名字及小孩的名字；学什么，你就写什么。若是你能够在字的底下，再画上图，那就更好了。小孩子可以看了图就认得字，这是一种看图识字识数的好玩具。

　　赌具固然可以变成教具，玩具更加容易变成教具了。新年的时候，在空场上，摆着一个傀儡戏台，锣鼓一敲，大大小小，老老少少都跑来看了。这种有魔力的民间娱乐的工具，为什么不可以变成一种教具呢？

　　8年前，我到欧洲去考察教育的时候，在英国、法国、苏联都看到傀儡戏。回国后我就在南京鼓楼幼稚园介绍傀儡戏给幼稚生玩，他们玩得很高兴。在上海，介绍给小学生玩，他们玩得很起劲。现在在江西介绍给幼稚师范同学做教具，也做得很有价值。师范生编著剧本，布置戏台，自造傀儡，给幼稚生玩，给民众看，都玩得很起劲，看得很高兴。这是把民间的娱乐工具变成儿童的教具。

赌具固然可以变成教具，民间娱乐的工具，固然可以变成儿童的教具，木屑竹头、破布碎纸，何尝不可以变成教材教具呢？竹圈不是儿童的恩物吗？不是普通的竹子做的吗？竹子可以做碗、做罐头给小孩子玩。木头木片可以做飞机、坦克车、汽车、桌、椅等各种玩具。有一只小猫，看起来那么可爱，它是什么东西做的呢？一只破袜子而已！

纸篓里的废纸，可以变为很好的教材呢！你把碎纸浸在水里，浸了一两天，拿出来用面粉一揉，揉成纸浆，好像粉团一样，你要把它做兔子也可以，把它做老虎也可以，你要把它做立体地图也可以，碎纸是一种很好的教材呢！

你要做一个成功的教师，你一定要注意环境，利用环境，环境中有许许多多的东西，初看看与你所教的没有关系，仔细研究研究看，也可以变成很好的教材，很好的教具呢！

分组学习，共同研究

　　活教育教学原则，我已经讲了 11 条。以前所讲的，都注意在个别学习，本条所要讲的，是分组学习，共同研究，以集体的力量，来得到学习的效力。传统的教育，注重在个别的学习，就是像我们现在的学习，形式上是一级一级地上课，而实际上仍是个别地学习。

　　我们知道在教育制度上，有一种名字，叫做班级教学，就是像我们现在这样上课。这种制度是中国新兴教育制度以来的教育。我们知道以前的教育，是私塾的教育，完全是个别教学的，各人学各人的，各人个别地进展。它的好处，是各人依照各人学习的能力，个别进展，可以不受别人的牵制。班级教育是大家一同来读一样的书，一同来学同样的东西，进展的速度是一样的。它的好处是什么呢？先生一个人教，学生共同来学，时间经济，设备经济，人才经济。而它的坏处呢？使得全班的同学变成了中庸的制裁。好的不能上去，坏的勉强上去，没有主动，没有特殊的进展，大家被"班级"所限制了。

　　新教育为什么忽然反对班级教学呢？这是研究心理时的一个大发现，也可以说是 20 世纪的新发现，发现人类都有个别的差异。以前的人以为儿童是具体而微的大人，都是一样地生长，一样地发育的，以为人类都是一样的智力，一样的体力，其实各方面都是不同的。所以有的人就主张分别学习，认为教育应适应个别的差异，应当依照各人的智力、体力、能力而发展。在中国班级教育系在新教育之前，新教育的个别教学就是补班级教学的不足。所以新教育就有各种不同的制度，像文纳特卡制、道尔顿制、蒙台梭利教育方法都是注重个别学习的。

　　现在我所要说的，既不是班级教学，也不是个别教学，我主张以分组来研究，共同来讨论。分组研究有什么好处呢？

第一是有组织。班级的形式，虽然是一班，好像有许多人在一起学习，还有级长，而实际上学习的时候，是没有组织的，因为大家都是一个一个地学习同一样的东西。分组学习是怎样的呢？比如我们以研究儿童文学为中心，我们可以分成几个组来研究，一组专门研究儿童故事，一组专门研究儿歌，一组专门研究歌曲，一组专门研究童谣谜语。各组先来阅读关于有关各组的书籍，然后来相互报告，提供意见，彼此讨论，以一个人的思想能力而至于一组，以一组而至于一级。我们看右图，可以知道彼此发生了连带的关系。

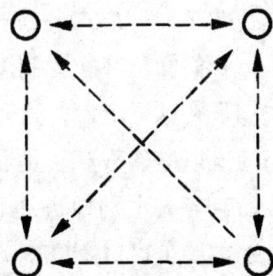

4 个人可以发生 6 个人的关系，5 个人可以发生 10 个人的关系，6 个人可以发生 15 个人的关系，7 个人、8 个人当然可以发生更多的关系。由此我们可以明了集体学习，就是以大家的思想来互相感应。我们研究学问专靠一本书，所得就只限于一本书。如果除读书外又和人来讨论，因为和人讨论就有刺激，有刺激就有反应，刺激越多反应也越多。从刺激和反应的中间就可以研究出一个真理来，与人讨论是互相刺激的，所以集体学习是超过个别教学的，超过班级教学的。

这里还有一个问题，就是集体学习与时间的问题。我们要集体学习，当然不能以时间来限定学习，所以像班级教学的一小时一小时地上课，就不能适合了。至少以两小时或半天为度，根据所学的材料，应当以充分的时间来研究来讨论。

第二是经济。分组学习是先来分组研究，再来互相报告，再来共同讨论，使全体的人都能得到各组所研究出来的东西。本来我们一个人只研究一个问题，现在集体学习，一个人同时可以学到许多东西，等于研究了许多问题。我们教学的原则是要学生学习，教师的责任，不过是从旁指导学生而已。

教学时还有一件事，我们应当特别重视的。什么事呢？就是注重教学的过程。一般的教学，往往只注重教学的结果，而不注重过程。怎样重视教学过程呢？就是我们怎样学、怎样教，才能学得好、学得快，两年的功课一年可以做完，而做起来很快慰。这是教学时应当注重的。

集体学习是活教育教学原则的一种方式。一个人的思想，需要有刺激，有了刺激，思想就越来越多，越来越进步。别人给我们的刺激，不一定是好，但因别人的刺激而引起我们其他的思想，同样可以得到好处。我们中国有句话说："三人行，必有吾师。"无论农、工、商人，都可以跟他学习，学习一定要多方面的。旧式的教学，只见老师在打气，这是单轨的教学（如右图），因为只有教师对学生刺激是单轨的，我们现在要把它变为复轨的。集体学习是用分组来研究，共同来讨论的方式。各人都有意见发表，彼此都有不同的思想，思想愈多愈复杂，就可以整理出一个真理来。

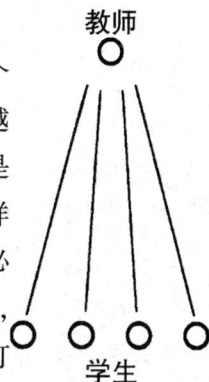

还有做的时候的态度非常重要，不要以为自己总是对的，别人总是错的，要大家贡献意见，择其类别加以分析而讨论之，那做时兴趣一定浓厚。一人做事与两人做事就有不同，两人做事，彼此商量，意思就多；就是享乐也是如此，所谓独乐不如共乐，所以研究学问更应当共同来学习的。

教学游戏化

　　游戏是人生不可缺少的活动，不管年龄性别，人们总是喜欢游戏的。健康的小孩子是好动的、快乐的。假如在读书的时代，我们也能化读书的活动为游戏，那么，读书不是会变得更有趣、更快乐、更能进步了吗？但是，我们中国人往往轻视游戏，把游戏当做顽皮的活动，小时爱游戏，大家还没有什么话说；一个十六七岁的小孩，也要游戏的话，那么，人家就会骂他"没出息"。因为在他们的心目中，总认为读书的时代就不应游戏。这种把读书与游戏孤立分离的看法，完全是错误的。假如说读书只有读书，读书就不应游戏，那么，读书的生活，势必枯燥无味，哪里还谈得到进步！

　　做到教学游戏化，就要使读书生活兴致蓬勃，学习进步分外迅速。究竟如何才能使教学游戏化呢？现在就举几个例子来说明：

　　在幼稚园教学中，我们利用积木游戏，让小朋友自己来搭一座房子，在花园里还养着许许多多的动物，这样就可以使小朋友学会如何布置环境，如何辨别动物的种类，同时对于儿童身体的发展，也有很大的裨益。沙盘游戏也有同样的功用。

　　唱歌也是一样，就以唱一只"龟兔赛跑"的歌来说吧，假使在唱歌的当儿，请几位小朋友共同表演起来，那么，对于龟兔的特点，就更加容易明了，而且还能引起小朋友研究的兴趣。

　　在小学教学中，学习认字和造句，也可以利用游戏的方法。

　　比如认字教学，我们可以把全班小朋友分为两组，老师拿出写着字的卡片来给小朋友们看，小朋友一见到这个卡片，马上就要读出上面的字来，说得最快的就把卡片送给他，到最后看哪一组的小朋友得到的卡片最多。

　　又如造句教学，也可以用同样方法来进行。假定全班有 40 个小朋友，就分成两组，坐列两旁，每个小朋友手上拿一张写着字的大卡片，字的大小，以大家彼此能看得见为度；两组的字是相同的，40 张卡片，共有 20 个不同的字，每个小朋友都应当记住自己手上所拿的是什么字，并认得别人手里的是什么字，准备好了以后老师就读出一个句子来，比如"兔子比乌龟跑得快"，或者"兔子睡着了，跑不过乌龟"，于是两组中拿着这几个字的小朋友们就赶快跑出来，依次序排成这样一个句子，哪一组快，就算胜利。

把枯燥无味的认字造句，化为兴致勃勃的游戏活动，在做的过程中，培养兴趣，加强学习，这就是教学游戏化的真实意义。

不过，游戏是不是有范围的？各种学科，任何儿童是否都可以采用？这些问题，实在非常重要。游戏化适用于任何人与儿童，也适用于任何工作与教学，只是儿童年纪愈大，教学游戏化的困难愈多罢了，幼稚园比小学容易，小学比中学容易，至于大学，教学游戏化的困难便更大了。

在教学游戏化的过程中，我们做老师的还特别要注意两个问题：

第一，要注意方法与目的的配合。游戏的方法，本来是为了要达到教学目的而运用的，忽视了这一点，就失掉了教学的意义。例如学习算术，我们用拍球游戏来教学数字，用投圈游戏来教学加法，当小朋友已学会数与加法之后，我们竟忘记了教学的进度，还是继续做拍球投圈的游戏，致使算术课变成了游戏课，完全失去了算术教学的意义。因此，老师应当随时考查小朋友们的进度，以达到教学游戏化的要求。

第二，要注意多数人活动的机会。教学游戏化最容易发生的流弊，就是由极少数成绩较好的小朋友来做，其余的小朋友坐着看，这无异于剥夺了大多数儿童的学习机会，做老师的当特别注意这个问题。任何游戏，要使各个小朋友都能参加为准。

教学游戏化是以"做"为中心的，也就是"做中教，做中学，做中求进步"的教学运用。其充实与发展，还有待于大家的研究与努力。

教学故事化

"教学故事化"是从"儿童爱好故事"这一个理论基础所产出来的教学原则。所以，当我们要追问为什么要教学故事化的理由时，必须把"儿童为什么爱好故事"这一问题，先来予以讨论。

就日常生活的观察、学校教学的体验，我们可以发现，没有一个儿童不喜欢看故事、听故事和讲故事的。儿童爱好故事的倾向，绝非偶然。一方面，儿童本身具有这种倾向的动力；另一方面，故事的形式与内容，对儿童心理的适应上，也有巨大的作用。详细说来，有下列诸点：

第一，故事与儿童的情感有交流作用。很明显，故事中所描述的对象，大都是有生命的。尤其是"拟人"或"拟儿童"的方式最为普遍。人性的表现，往往使故事中的人物与读者、听者或讲者之间，发生情感上的交流。这种情感的接近与交流，把故事中人物的喜怒哀乐，他的奇遇，他的危险，他的成功，他的失败，所有这一切，都转化为我们自己的喜怒哀乐，自己的奇遇，自己的危险，自己的成功与失败。把自己的情感投射到故事之中，便是儿童乃至成人所以爱好故事的原因之一。

第二，故事情节的神奇，能满足儿童的好奇心。儿童富于好奇心，事物的新异能激起儿童的好奇心。

故事在儿童的心目中是新异的，这新异不仅存在于故事的人物身上，同时，故事情节的错综复杂，其所相涉范围的广泛，关系的神奇，都是满足儿童好奇心理的资料。儿童之所以爱好故事，这自然也是重要的原因之一。

第三，故事能激起儿童的想像力。儿童有儿童自己的思想。儿童的想像力不论在数量上、与实际相符的程度上或性质上都跟成人不同。但儿童有自己丰富的天真思想，那是毫无疑问的。故事结构的曲折、描述的生动，实有引人入胜的功效。而且，每一个故事，都具有猜想的成分，把儿童导人无限推论的境界之中，致使儿童获得很大的快乐，这便是儿童所以爱好故事的又一原因。

第四，故事组织的完整，适合于儿童的学习心理。儿童对于组织完整、意义联贯的事物，容易学习，容易了解。而对于那些零星破碎、漫无组织、孤立片断的事物，不易学习，不易了解。凡愈容易了解的，儿童愈喜欢去学。换言之，就是组织完整，意义联贯的事物，儿童便喜欢它。故事的组织，正合于这个要求。因此，每个儿童总喜欢故事。同时，故事的描述是活动的、常变的，它每以儿童年龄的差异来变更它的内容与组织，使它更适合于每个儿童的情感。

由于上述的各种原因，故事在儿童是一种重要的精神食粮，通过故事的形式，儿童的学习一定兴致百倍。但是，在传统教学的过程中，由于旧课本内容的限制和教师教死书的毒害，使儿童对于故事爱好的倾向，遭受了严重的阻碍。旧课本中除了形式教条以外，没有故事。教师除了以课本为经典之外，也没有故事。故事被排除于教学门外，这在儿童心理上确实是一种严重的压迫。所以，在许多学校中，一个和善可亲的教师，每每被儿童所请求来给他们讲故事。如果教师拒绝了，那么，儿童的内心是会痛苦的，读起书来也就没精打采了，哪里还谈得上教学的效能。然而通常一般人总不了解故事在教学上的重要，也不知故事在教学过程中应当如何运用，这是多么大的遗憾！现在，我们要打破传统教育对故事的蔑视，而提出"教学故事化"的原则。

教学故事化可以从两个方面来说：

第一，是教材故事化。这是用故事的体裁来编排教材，用教材。故事的体裁可以分成两种，其一是直接的，故事的叙述是以第一人称为出发的。比方"我看见一个工人""我听到鸟叫"之类的叙述。其二是间接的，故事是以第三人称为出发点的，比如"他在跑路""他看一本书"之类的叙述。

直接的叙述，由于跟儿童的情感较易接近的缘故，因此，所收到的效果，较之间接的故事来得更显著、更敏捷。下面的一段故事，便是用直接法来写的：

"有一天早晨，一只小白兔，从山洞出来玩玩，在路上看见一只乌龟，就说道：'乌龟哥哥早！'乌龟说：'白兔哥哥，你早！'乌龟背了一个硬壳，爬得很慢。白兔笑道：'你背了这样重的东西，实在太不方便了！'乌龟说：'你不要笑我，走起路来，恐怕你还不如我呢！'……"（看拙编《儿童故事》）

但有时候，这个故事是这样被描述的：

有一天，有一个老师在课堂上讲一个龟兔赛跑的故事，他说："有一天早晨……乌龟背了一个硬壳，爬得很慢，白兔就笑乌龟，说它背了这样重的东西，实在太不方便了。乌龟叫白兔不要笑它，如果走起路来，恐怕白兔不如它呢！……"

同样的故事内容，用两种不同的方式来表现，结果如何，用不着说，大家一看就明白了。所以教材要故事化，而且要直接故事化，才能生动，有力。

教材故事化，并非仅指国文教材一种而已，凡历史、地理等教材都可以运用故事化的原则，都可以采用直接故事化的原则。

第二，是教法故事化。活教师是一个善于引起儿童学习动机的教师。固然儿童的学习要由儿童自己来做，但如何引起儿童的学习动机，完全看教师是否有活教育的修养。引起儿童学习动机的方法虽然很多，但利用故事的教法，确是容易收效的。教法故事化的目的，就在于引起儿童学习的兴趣，使他们注意力集中起来，快快活活地来做自己的工作。传统教育要儿童"苦读"，而我们应当要儿童"乐干"，惟有臻于乐干的境地，儿童才能学得真知识、真学问。

教学故事化是活教育的新要求，它在教学过程中究竟能产生如何的效果，是有赖于我们教师的努力与研究的。

教师教教师

所谓教师教教师，就是举行教学演示或者组织巡回教学辅导团一类的组织。

教学演示同巡回教学辅导是近代教育方法上一种新的趋向，不仅能够在一个学校、一个城市里举行，同样地也可以应用"分组学习，共同研讨"的原则，推行到所有的学校里去。

就目前教育上所发生的最严重的问题看来，在职教师如何充实自己，如何提高，的确最值得我们重视。一个优良的教师当然第一是他自己本身条件的优越。

教师通常进修的方式大概有下面几种：

（一）各种研究会

（二）讲习会

（三）暑期学校

（四）夜学校

（五）其他进修方式

上述这些进修方式以举办各种研究会为最普遍，它的性质可以分为：（一）分科的或混合的。（二）定期的或不定期的。

根据我个人经验，这种只是用耳朵听，靠别人用嘴讲的讨论或者讲演方式不能收到成效，由于非亲身去做，不能切实感觉的缘故。几年前，我就组织教学演示来补救这种缺点，就是本文所讲的教师教教师方法的一种。

战前的上海，教学演示是分区举行的。每学期规定每星期六由一个学校担任教学演示。每次演示及担任工作的人员事前都准备好，是采用轮流方式的，而且依据各科的性质分别举行。比方讲，音乐要怎样教，图画应该怎样教，或者国语、时事等怎样才能教得好，就根据这些问题分别举行音乐教学演示、图画教学演示或者国语教学演示等。举行音乐教学演示时，全区各校音乐教师全体参加观摩，担任教学演示的教师事前准备教案油印分发。

这种教学演示的步骤是：

（一）担任教学演示之教师做一教学设计，并演示给到场各教师观摩。

（二）演示完毕即举行讲评，讨论其优点缺点。

（三）进而研讨怎样应用最新教法，选择最新教材而完成最合理的教学工作。

这样一来，经过一次音乐教学演示，一般音乐教师就领悟音乐这一门是应该怎样教，怎样才教得好，并且能了解他自身过去在教学方法上所犯的错误。这种经验是单凭听讲，没有参加实际教学演示的教师所无从获得的。

这种方法有很多优点，我们应该特别提示出来：

（一）施教者（即担任教学演示的教师）事前须有准备，即使对某科教学平时不大感兴趣，亦非努力准备不可，在这种准备工夫上可以增加他在教学上的兴趣。

（二）其他教师因有轮流担任机会，因而亦需加以准备，用这种鼓励方法，可以增加其他教师的教学兴趣。

（三）因为彼此互相观摩，互相批评，学校的行政自然而然跟着改进。采用这种方法实际上比行政当局派员到学校去视察容易收效，而且更吻合教育上的"自动的积极的"原则。

（四）一般教师参加可以得到观摩切磋的益处，进而改进其教学方法。

（五）受教者（即教学演示的对象）在演示前已得到很大的鼓励，借用外力督促和鼓励儿童，实在亦是一种方法。

举行教学演示有几点我们应该注意：

（一）施教不易，主持教学演示者事前应声明，这是讨论方法，不是任意批评，是对事而非对人，否则容易引起误会。

（二）施教者不是示范而是施教，要使参加的人都很明白。

（三）施教者事前一定要有充分准备，主持人应与施教者洽商妥当，否则会使施教者感受不安。

（四）演示以后，一定要多方提示问题，尤其提供参考书籍，以引起教师能对以后的教学问题做进一步的研讨和解答。

（五）除教学本身外，教学以外的有关技术动作习惯都应加以注意。

（六）施教者对于施教的整个教学过程都需注意。

（七）尽量避免给学生事先知道。

此外，在行政组织内，组织巡回教学辅导团，聘用专门人才，依据活教育所定五指活动，分科担任辅导，这种辅导工作，对于一般教师颇有帮助。

办理巡回教学辅导，应由各地教育行政机关或办理颇有成绩的学校，首先倡导并轮流到附近各学校去演示，因时因地因人而制宜，把握时机，通过这种方式，协助当地各级学校组织各种教学演示会议，使成为全区的教学中心据点。

教学演示同巡回教学辅导，是教师教教师的最好方法。一个优良的教师一定乐意参加教师教教师的工作，来充实自己本身！

儿童教儿童

儿童教儿童，意思就是以儿童来教育儿童，以儿童来指导儿童。陶行知先生所提出的"小先生"制，就是以儿童教育儿童为原则的。

儿童教儿童究竟有什么好处呢？它跟成人教儿童又有什么不同呢？现在，我想做一个简单的说明：

第一，儿童了解儿童的程度比成人所能了解的更为深刻。我们都知道，教学是否能收到好的效果，就要看教者对于学者的心理是否了解为定。了解深，效果大，了解浅，效果小，这是不易的定则。成人与儿童之间，由于年龄经历上的差异，彼此的认识，总免不了一条鸿沟横亘其中，除非成人教师对儿童心理学已具有相当的基础。儿童与儿童之间的情形，就显然不同了。由于他们彼此年龄的相仿，兴趣易于接近，理解思想一致，尤其是儿童最乐于把自己的经验告诉别人，当他学会一点新的东西时，他总是很热心地让别人知道。儿童了解儿童较深刻，这是我们所以要提出儿童教儿童的第一个基本认识。

第二，儿童鼓励儿童的效果比成人所能获得的更为巨大。我还记得有过这样一回事情，就是一个12岁的小朋友，对三四百个中学生演讲国际问题。他年纪虽小，但演说起来非常的生动有力，个个听者都被感动。这次演讲的价值，我想与其说他加深听者对国际问题的认识，还不如说是他已经激发了听者的上进心更加合理。因为在这位小朋友演讲之后，学生们都有这样的感觉，他们这样想：人家是一个小孩子，能说得这样有理、动听，难道我自己就不如人家吗？于是，从那以后，各个学生都分外地注意国际问题，时时训练自己的口才。每个学生，都得到了很大的鼓励。假使那次对他们演讲国际问题的，不是小朋友而是成人，那么，所得结果也许会截然不同，因为学生们心目中认为成人能够做这件事是并不稀奇的。我们所以说儿童教儿童，对被教儿童的鼓励较大，原因也就在于此。

第三，儿童教儿童教学相长。以上两点，都只是指学者方面来说的，担任教的儿童，是否能在教的过程中获得裨益呢？我们的回答是肯定的。儿童为了要教，事先就得充分准备；在教过以后，他对于所教的内容，认识必然更加清楚。所以，儿童教儿童，不但是被教者得益，即使教者本身，亦得到很大的益处。这种得益，不仅是在教材以内的知识范围而已，儿童且获得发展创造才能的机会。

儿童教儿童，原则是可以确定了。但教的办法应该怎样呢？这里，想简单地提出几种办法来。

第一，个别儿童轮流教。在同一学校或同一班级中，个别儿童可以轮流施教，使大家都有教的机会。同时，每个人既然都有轮到教的可能，当他学的时候，也就特别地用心了。当年，我办学校的时候，就采用了这个办法。比如说早操吧，就是由小朋友自己来领操，大家轮流领，老师在旁指导。于是，早操一开始，小朋友们个个都很用心专意地早操，而且还仔细地看领操的怎样领操，以便轮到自己的时候，知道怎样来做。就教学的效果上来说，这方法确能收益。

第二，各校儿童轮流教。这是以学校为单位的，每个学校互相轮流派学生来教，不仅是演讲而已，他们还可以有壁报交换，学术表演交换，时事演讲交换，音乐表演交换，种种活动都可以互相交换，互相观摩。学生们的情绪，真热烈极了，几乎是很自然地形成了学校与学校之间的竞赛。这种办法，不仅学生们得到很大的鼓励，连教师们都得到很大的鼓励，为了使自己学校的学生有更好的表现，他们指导儿童的活动的确是更热心，更兴奋了。在抗战时期，我在江西就采用了这个办法来促进儿童的学习。

第三，各城儿童轮流教。把学校的范围扩大，使各城市的儿童互相交换作业，互相交换教学。这种办法，做起来虽然比较困难，非有严密的组织不可，不过，儿童确实能够胜任这个责任的。这不仅能使儿童本身得到活的知识，就是各地的文化也可借此得以交流。

第四，各国儿童轮教。这是以国际儿童为范围的。

儿童教儿童，是有效的教学原则，希望它能与"儿童互助运动"密切配合，使人类文化得一份推动之力。

精密观察

　　观察是获得知识的基本方法，而精密观察则是开启真理宝藏的钥匙，握着这把钥匙，我们便能接近科学的真理。探险家是凭着精密的观察，在自己生活的世界以外，发现新的世界的。科学家也是凭着精密的观察，在自己生活的周围，发现新的事物。无论是探险家或科学家，都是运用观察方法的能手，他们都凭借精密观察之力，来拓展新的世界！因此，在我们教学的过程中，如果也能采用观察的方法，一方面通过实地观察来施行教学；另一方面通过实际研究来培养儿童善用观察的学习态度；则教学的效果，必将因此而有所增进。

　　为什么用了观察的方法，便能增进教学的效果呢？

　　第一，由观察所获得的知识是直接的知识。我们曾经说到过，根据知识来源的不同，知识可以划分为直接的与间接的两种。凡是经过符号或语言报导出来的，都属于间接的知识，具体点说，从书本中得来的知识便是间接的知识。而另一方面，我们从事物本身得来的有关该事物的知识，才是直接的知识，由观察所获得的知识，便是直接的知识。间接的知识是前人实践经验的总结，是人类文化的积累，对教育学生是重要的，不可少的。但光有间接知识是不够的，还必须引导学生接触实际，从大自然大社会中去观察去探索去获得直接知识。因为间接知识是经过别人收集、分析之后所得的知识，还要经过自己的观察和探索才能加深认识和理解，才能检验这些知识的真实性以至有所发明和创造。所以间接知识和直接知识是互为补充，缺一不可的。

　　其次，亲身阅历的经验，印象最深刻。自然教科书曾告诉我们空气中含有约 1/5 的氧与 4/5 的氮，但这一个概念，儿童是不容易记忆的。活的知识，向书本中寻求，其印象的确是很淡薄的。假使现在我们改变一种方法，我们用一个水槽，把个玻璃钟盖在水中，然后在玻璃钟内燃烧蜡烛，这时我们立刻可以发现水槽中的水便逐渐流入玻璃钟中，使钟内的水面慢慢地增高起来；当燃烧停止时，钟内水面，刚好升高到钟内体积 1/5 的地位。这说明了空气中 1/5 的氧，已经燃烧作用而耗去了，因此，水便代替了氧，占领了它的空间。经过这样的实地观察之后，儿童对于空气中所含氧与氮的比例问题，必定获得较深刻的印象。假使这些实验是由儿童自己动手来做的，那么，它的印象，将更为深刻。印象的深刻，对儿童知识范围的扩展关系至巨，于此，我们可以获得更好的教学效果。

第三，容易发现问题，也容易解决问题。就上面所举的例子来说，当儿童看到钟内的水面上升时，他们马上就会发问："为什么水面会上升呢？"当然，儿童能提出这样的问题，是非常有意义的，但这种问题，只有当他们在观察的过程中才能发现。观察固然容易发现问题，而许多问题，也只有借观察的方法，才能解决得明确完满。比如上面所提出的问题"为什么水面会上升？"我们很可以用文字或语言解释给儿童听，告诉他们这是大气压力的缘故。但大气压力究竟又是怎样一回事？说来说去，也许更使儿童糊涂，还不如直接让儿童来观察大气压力的现象来得更清楚，因为直接的知识，最具体，最容易了解。自然科学方面的问题，固然可以用观察的方法来解决，就是其他新学科的许多问题，也同样地可以用观察的方法入手。

最后，我们可以说观察不仅能增进教学的效能，同时，还可以培养儿童学习的兴趣与求真的态度。我们都知道，死教书不仅教的人自己觉得枯燥无味，就是儿童也异常的痛苦。这种痛苦的感觉，在儿童方面可以说是最敏锐的，因此，他们惧怕读书，对任何学习，都显示冷淡的态度。遇到这种情形时，我们总说学生学习不起劲，其实这并不是学生不起劲，而是因为教学的方法有问题。假使我们改变教法，发挥观察的作用，使儿童向活生生的事物去学习，向大自然大社会去学习，那么，他们的学习兴趣必能勃然大作，然后予以正确的指导，儿童自然能获得真实的学问。

观察的教学，不仅能促进教学兴趣，而且儿童的人生态度，亦将因此而得到健全的发展。观察所依据的是客观事实，失去事实的支持，则附会造作都将产生。儿童养成观察习惯之后，一种尊重事实，求真求是的态度，很自然地会建立起来。

但精密的观察怎样才能达到？现在略述几点如下：

第一，全面的观察。片面的观察，不足以概括全体，根据一点、一线、一面的观察，就来做全面的概括，往往错误百出。精密的观察的首要条件就是要全面的观察。

第二，比较的观察。有许多事实，必须经过比较，才能得到正确的结论。比如说，我们想知道稻谷在怎样的条件之下，才能生长得快，像这样的问题我们非用比较观察法不可。我们让谷子播在有日光的环境中与不见日光的地方有什么不同，播在干燥的土中与潮湿的土中又如何，经过多方面的比较之后，我们才可以获得一个较为正确的结论。因此，比较观察法，也是精密观察所应具的条件。

第三，系统的观察。观察作为教学的方法来运用时，是具有一种明确的目标的。为使教学的目标能完满地达成，观察的过程必须具有严密的计划，然后，按着这种计划，再来做系统的观察。有系统的观察，实是使观察得以精密的主要条件。

第四，五官俱到的观察。全面的观察要照顾到观察对象的各个方面，至于五官俱到的观察，则是观察者的主观的努力。观察者不仅是以片面的感官进行观察，而且还需要以视觉、听觉、嗅觉与触觉，五官俱到观察，才能发掘事物的真理。这就是说当观察的时候，我们要尽可能地利用我们的感官。我们用眼去看，用耳去听，用舌去尝，用鼻去嗅，并且还得用手去摸，让它们互相补充，互相帮助，使观察的过程更加完全、更加正确。

观察是人类获得知识的基本方法，而精密观察则是开启真理宝藏的钥匙，握着这把钥匙，我们便能够接近科学的真理。假使要教学能获宏大的效果，则精密观察的方法，便不能不予以正确的运用。

附录　工部局小学校歌①

陈鹤琴　作词

胡周淑安　作曲

F 调 4/4

```
1  0  7̣3  3 | 2  -  3  3̲2̲ | 1  7̣  1  3 | 5  -  -  - |
喂!    我的 学 校，  教  我  们  学  的  是  什  么？

5  0  3̲6̲  6 | 5  -  4  4̲3̲ | 2  1  7̣  2 | 1  -  -  - |
喂!    我的 学 校，  教  我  们  做  人  怎  样  做？

4  4  2  2 | 1  2̲3̲  4  - | 4  4  5  5 | 5  4̲3̲  2  - |
团  结  活  泼，做  事  勇  敢，  清  洁  健  康，生  活  快  乐，

1  1  3  3 | 2̲1̲  2̲3̲  5  - | 5  5  3  3 | 2̲1̲  2̲3̲1̲  1  - |
遵  守  纪  律，和气 且 恭  敬，  爱  国  爱  人，还要  爱  学  问。

1  0  7̣3  3 | 2  -  3  3̲2̲ | 1  7̣  1  3 | 5  -  -  - |
啊!    我的 学 校，  我  时  时  刻  刻  都  爱  你！

5  0  3̲6̲  6 | 5  -  4  4̲3̲ | 2  5  3·2̲ | 1  -  -  - |
啊!    你的 教 训，  我  句  句  都  记  在  心  里  。
```

---

① 1928～1939 年期间，陈鹤琴主持上海工部局人教育处工作，办了 6 所小学（均附设幼稚园）。这是工部局小学校歌。